JN248552

プルデンシャル流
心を磨く営業

編集 プルデンシャル生命保険
フェイスブック（日出ずる国の営業）運営事務局

プレジデント社

はじめに

「営業」という仕事には、「売りつける」「ノルマがきつい」というような、ネガティブなイメージをお持ちの方も多いのではないでしょうか。しかし実際は、「お客さまの課題を解決する仕事」であると断言いたします。

この書籍はプルデンシャル生命が運営するフェイスブックページ「日出ずる国の営業」に登場した「師範」三十名による指南をまとめたものです。

「日出ずる国の営業」は「日本の営業パーソンを元気にする！」ことを目指して二〇一二年七月にスタートしました。

これまでに、営業関連の専門家のほか、現役の営業パーソンやマネージャーが「師範」として登場し、「営業」に関するさまざまな考え方やスキルを語ってきました。現在では、このページに「いいね！」をいただいたフォロワーは四・五万人を超え、毎週のベ十万人の方にご愛読いただくページへと成長しました。

「日出ずる国の営業」に登場する営業パーソンは、営業という仕事は何より「相手のことをよく理解し、相手の心に働きかけ、信頼に値する人間性を身に付けること」が大切だと語ります。

彼らがさまざまな困難に直面する中で、単に商品を売るために小手先のテクニックを磨くのではなく、お客さまの課題を解決するために、心を込めてお客さまに寄り添い、お客さまの期待を超えるために過去の自分を乗り越え、自己を変革していきます。

彼らが書籍の中で「自分の可能性を極限まで追求する」「高い目標を掲げ、必達を期する」、そのために「ストイックに鍛錬を継続する」と語る姿は、トップアスリートに共通すると言えるかもしれません。

一方、「自分の器を広げるために自己探求に励む」「自分の理念を毎朝口に出して唱える」「平生（へいぜい）こそが大切」と語る姿は、さながら、営業「道」を探究する修行僧とも言えるのではないでしょうか。

平生の自己を磨き、人間力を磨く――すなわち「自分を磨く」ことが自分の成長につながるだけでなく、お客さまへのさらなる貢献につながる――営業とは、究めれば究めるほどに「自分を磨く仕事」＝「心を磨く仕事」なのだと感じさせられます。

この本は「日出ずる国の営業」の書籍化第三弾となります。

本書の「師範」の姿が、読者の皆さまにとって「自分を磨く」きっかけやヒントとなれば幸いです。

二〇一八年一月吉日

フェイスブック「日出ずる国の営業」運営事務局

プルデンシャル流 心を磨く営業

chapter 1

アプローチ

chapter 2
自己鍛錬

chapter 3
原動力

chapter 4 自分らしさ

chapter 5

自己変革

chapter 6

戦略

＊本稿は、二〇一三年五月〜二〇一七年六月のフェイスブックページ掲載記事を基にしております。
＊掲載されている内容は、原則としてフェイスブックページ掲載時のものです。
＊現所属は、二〇一七年一二月末現在のものです。

chapter

1

アプローチ

お客さまの信頼をいただくために、
どのように自身の
メンタルブロック（心理的障壁）を乗り越え、
お客さまにアプローチしたのか。
事例を紹介する。

no.01

お客さまに媚びず、臆さず、違う意見を出して信頼を得る

田内弘治
神戸支社
前職：宝石・宝飾品会社

田内弘治は、宝石・宝飾品を扱う会社の総務・人事部門から、プルデンシャル生命のライフプランナーに転身した。

「特に採用の仕事は全社に影響を与えることが多く、とてもやりがいを感じていました。しかし、先輩たちが敷いてくれたレールに乗って社歴を重ねていけば、安定した

将来を迎えられることに物足りなさを感じ、違う世界を見てみたい、チャレンジしたいという好奇心や野心が芽生えてきたんです」

そんな思いから転職を決意し、ライフプランナーという生き方を選んだ。非営業職からの転身だったが、とにかく必死にトレーニングを重ねた結果、なんと二〇一五年には三千五百名のライフプランナーの中の頂点に立った。

今も、駆け出しの頃に学んだ基本は外さず、それをさらに進化させながら、自分のキャラクターを前面に出して活躍を続けている。

お客さまの大切な時間をいただいているという意識で

田内はライフプランナーになったばかりの頃、セールスについては右も左もわからなかったため、とにかく言われたことを吸収することに集中した。

「それまで営業の仕事をしたことがなかったので、教わったとおりにやろうと思いました。それは正解だったと今でも思います。練習やトレーニングというものは、教える側のスキルの高さや教え方のうまさよりも、教わる側の姿勢が大切なんです。言われたことを疑う前に、まずはやってみることです。教わる側の姿勢が間違っていると、成長する機会を逃してしまいます」

そんな新人時代を経て、今やお客さまから圧倒的に支持されている田内は、後輩たちを見て感じることがあると語る。

「いくらわかりやすい言い回しや表現を教えてもらっても、練習をしないと自分のものになりません。プロ野球選手が素振りを欠かさないのと同じです。昔は壁に向かってロールプレイをしている人もいましたよ。呼吸をするように、自然と口をついて出てくるまで、繰り返し練習することが重要です。お客さまの大切な時間をいただいているわけですから、きちんと準備するという心構えが大切なんです」

田内は今もときには、あえて飛び込み営業を行う。飛び込む会社について事前にリサーチして臨むというが、はじめての会社に行って、経営者と会って保険の話を聞いてもらうところまでたどり着くのは、とてつもなく高いハードルではないだろうか。

「ワンフロアのオフィスで、社長が見えるところにいるなら、目が合った瞬間ニッコリ笑顔を送ります（笑）。社長が見えなければ、受付であえて名刺は渡さず、社長にしかわからないような財務関係の話をして、なんとか社長に取り次いでもらえるように持っていきます。社長に出てきていただけたら、『社長にお会いしたくて、思い切って飛び込みました！　一分で帰りますので、ワンチャンスだけください!!』と真正面からアポイントを取ります」

そんなときにも、決してお客さまに媚びる必要はない、と田内は言う。

「なぜなら、営業とはお客さまが知らないであろう商品やサービスを提案できる素晴らしい仕事だからです。私なら相手の会社にとって役に立つ話ができるという自信もあります。自分の仕事が好きで、商品も好きで、自分がやっていることは正しいという確信があるならできるはずです。

臆することはありません。話を聞いてほしいという思いはありますが、営業パーソンもお客さまも人としては対等です。堂々と、直球勝負をするだけです」

断られたら必ず会ってその理由を聞く

営業未経験だった田内は、セールスの仕事を始めたときもストレスを感じることはなかったそうだ。

「数限りない断りも受けてきましたが、それはあくまで、お客さまと自分との考えの違いから生まれるものです。もともと、人と違う考え方や意見を持つことが自分の存在価値にもつながってくると思っています。ですから、それで傷つくことはありません。ある意見があっても、私が全く違う角度からの意見を出したことがきっかけで、話が一気に進むことってありますよね。その係を私が買って出ていると思っています」

お客さまと向き合ってストレスを感じそうな状況でも、田内の考え方はブレることはない。

「長く営業をやっていれば、名刺をゴミ箱に捨てられたり、目の前で折って丸められたりすることもあります。そんなときは『名刺はその人の顔と一緒です。そんなことしたら失礼ですよ』と注意します。**私は〝言う係〟だと思っているんです。知っていて言える人が言ってあげることが大切です。**それで商談がまとまらなくても全く気になりません」

また、商談を断られたときは、お客さまに直接お会いしてその理由を伺うそうだ。

「電話一本で『やっぱりやめておきます』と言われて終わり、ということは私の場合はないんです。**断られることは営業の結果でしかありません。だから、その理由をしっかりと確認しなければダメです。**『今後もこの仕事を続けていきたいので、どこがダメだったのか教えてください』と、自分の悪いところ、足りなかったところを聞くことが大切です。

もし聞けなかったら、それこそストレスですよ。何をどうしたらよかったのか、本当の理由がわからなければ、その先の成長もない。断られるということは、そこに乗り越えなければいけない壁があるということなんです」

「プルデンシャル生命に入った当初、私が学んだこと――『営業とは潜在的なニーズに気付いていただくこと』は、営業の基本中の基本だと思っています。

生命保険営業においては、お客さまが、自身のすべてのニーズに気付いていれば、私たちライフプランナーは必要ないかもしれない。

ただ売ることだけが目的だったら、お話しする内容は変わってくるでしょうね。商品の特性をひたすら勉強して、『こちらのほうがお得ですよ』などと経済的なメリットを提示するやり方が早いかもしれません。でもそれは、お客さま自身がインターネットで調べればわかることです。

『お客さまが自覚していなかったニーズに気付いていただくこと』『そのニーズを満たす解決策を提案すること』、これこそが私たちの存在価値です」

アプローチ

お客さまに媚びず、臆さず、違う意見を出して信頼を得る

指南

- 人には意見の違いがある。だから断られてもストレスは感じない
- 臆せず堂々と直球勝負で
- 断られたら理由を聞きに行く

no.02

一生懸命な姿が心を打つ。元議員秘書流のファン作り

小倉崇志

宇都宮支社

前職：大手コーヒーチェーン、国会議員秘書

小倉崇志はアメリカの大学を卒業後、ワシントン州シアトルの大手コーヒーチェーンに就職。帰国後は国会議員秘書を経てライフプランナーになったという異色の経歴の持ち主である。一見、営業とは直接関係ないキャリアのようだが、コーヒーチェーンも議員秘書も、実は営業力を磨き上げることにつながったと語る。

高校卒業後、小倉は全く英語ができないのにアメリカに留学した。語学研修からスタートし、それまでの生涯で一番勉強して、そのまま四年制大学を卒業した。その後、ワーキングビザを取得し、そのままシアトル市内のコーヒーチェーンに就職した。

コーヒーチェーンでは、マニュアルを完璧に覚え、加えて常連のお客さまの好みを覚え、「来店されるのを見計らってジャスト・タイミングで好みのコーヒーをお出ししていました。さらに、『いつもは○○をオーダーされますが、△△を加えてみてはどうでしょう？　試してみたんですが、いけますよ』と、プラスアルファのサービスまで提供しました」。小倉が担当する店は、トイレもピカピカ。そんな心地よい顧客対応と実直な勤務態度が認められ、すぐに店長にまで昇進した。

もともと日本に戻るつもりだった小倉は、帰国後はなんと地元選出の国会議員の私設秘書となった。いわゆる地元秘書の役割は、議員のファンを増やすこと。仕事は営業そのものである。後援会の設立運営、ミニ集会の企画運営、議員に代わってのイベント参加・スピーチなどで、議員に貢献するのである。

「議員秘書は、運営能力や仕切りの能力、気遣い、さらにいろいろな方の影響力をお借りする力が問われます。しかし、何よりも地元の方々に『頑張る姿』を示すことが大切なのだと思いました。たとえば、野球大会で人手が足りなければ、チームの一員となって出場しました。私は足が速いのでチームの勝利に貢献し、『あの足の速い奴は誰だ』と、皆が覚えてくださるんですよね（笑）。**一生懸命相手のために汗を流すことで、相手が意気に感じてくれる**のだと思います」

持ち前の実行力とバイタリティが認められた小倉は、やがて公設秘書に任命された。ただ、その頃には家族の反対もあり、秘書を経ていつかは選挙に出る、という当初抱いていた考えはなくなっていた。このまま秘書の仕事を続けるべきか……と思い始めた矢先に出会ったのが、プルデンシャル生命のライフプランナーだった。「そのときに会った方の力強い生命力や仕事への情熱に圧倒」され、転職を決意したのだった。

顕在化しているニーズを糸口に

小倉は、異色のキャリアで営業力を鍛えてきた経験から、コーヒーチェーン、議員

アプローチ
一生懸命な姿が心を打つ。元議員秘書流のファン作り

秘書、そして今の仕事でも、自身のファンを増やすことが何より大切だと語る。そのノウハウを「営業の体幹を鍛えよ！」と題した講座にして、後輩にも惜しみなく伝えている。

ある日の講座のテーマは「お客さまは自分の聞きたい話しか聞かない」である。

「たとえば生命保険のご提案のときに、お客さまが『そういえば学資保険って……』とか『最近同僚がガンで入院して……』と話したとしたら、お客さまはそこに関心があるということです。

仮に自分のところに関連する商品がないとしても、『いえ、それよりも……』と話の方向を変えたり、『それはあまり意味のあることではなく……』とお客さまの関心を否定したりするのではなく、あくまでもお客さまが関心を持っている点を話の糸口にすることです」

小倉は、**お客さまがもともと興味のある分野で話をすることで入口は開かれる**、と言う。

「お客さまが何を聞きたいのか、何が気になっているのかを糸口に、『あなたが気に

なっていたものを絵にして持ってきました』という話の展開にするのです。私たちの会社では『潜在的ニーズを顕在化させよ』と言うのですが、『顕在化しているニーズを糸口にせよ』もまた真です」

そして、**お客さまが商談に入っていきやすい糸口を事前にきちんと準備する**ことが大切だとも。

「設定が架空のロールプレイのビデオを一生懸命に見るだけでは不十分です。お客さまを具体的にイメージして、商談を準備しなければ意味がありません」

「このお客さまから輪を広げたいと思ったら、お客さまが近日中に誰と、どこで、何の目的で会うか、買い物、ゴルフ、飲み会、研修、結婚式などの予定を聞いておくといいでしょう。というのは、誰かをご紹介いただけるとすれば、それはそのお客さまに近しい方、社会的な立場や境遇の似ている方である可能性が高いからです。もしその場に同席しても差し支えない場合は、私なら参加するようにします」

お気に入りの店で〝直接的な見込み客〟を発見

小倉は、アメリカでコーヒーチェーンに勤務していた頃から、議員秘書時代を経て今に至るまで、人に好かれることで人の輪を広げてきた。

一番好きで得意なのは、実は〝直接的な見込み客の発見＝飛び込み営業〟、つまり「いきなりお客さまになっていただくこと」なのだそうだ。

「私は食べることと飲むことが好きなので、飲食店からお客さまを広げたいと思いました。宇都宮市内で自分のテイストに合う店をリストアップして通ったんです。何度か通えばマスターも顔を覚えてくれます。こちらからも積極的に声をかけ、そのお店がとても好きであることを伝えます。

生命保険の営業であることは隠しません。最初から自分の職業を明かしておくことは大事です。そして、紹介によってビジネスが成り立っていることをお伝えしておきます」

小倉は、「お互いのビジネス哲学が通じ合って、信頼や信用が築かれていく」と言う。

「私自身が好きな店、テイストが合う店に通って来られる方は、自分とどこかで通じ合える方であることが多いですね。そういう方が来られたときには、マスターが私のことを紹介してくれたり、さりげなく話を振ってくれたりと、サポートしてくれるのです」

好きな店に通って、好きなものを食べながら営業につなげる。「営業につながるわけですから、コストはペイしていますす」と小倉は語る。

「仮にペイしなくても、もともと好きな食事をしているわけですから苦になりません。ストレスなくお客さまを広げられるんです。

私は走るのも好きですから、ランニングチームにも参加していて、そこからも仲間の輪が広がっています。ポイントは自分の仕事をきちんと明かしておくこと。その上で一生懸命参加し、一生懸命貢献することです。すると、周りの人が力になってくれるようになるんです」

指南

- お客さまのニーズを汲み取り、自分のファンになっていただく
- お客さまの関心事を商談の糸口にする
- 一生懸命な姿を見せて貢献する

no. 03

必死だから売れない。立ち止まるから売れる

藤田央仁
松山支社
前職：大手食品メーカーほか

藤田央仁は、大学卒業後、大手食品メーカーを皮切りに、鮮魚店、精肉店、人材派遣、外食産業とさまざまな職を経験した。そして二十代後半に出合ったのが、プルデンシャル生命のライフプランナーという仕事だった。

「『一生涯できる仕事』『お客さまと長くつながれる仕事』『三十五歳までに環境に左右

されず自己責任で進退を決定できる仕事』を見つけることが目標であった私にとっては、まさに理想的でした」

松山にはほとんど知り合いがいないなかで、お客さまの輪を拡大していった藤田は、「自ら成長することが全ての問題を解決する」と語る。

「自分が成長すればお客さまが増える。成長することで長くお付き合いができる。成長することでお客さまに貢献できる。つまり、自分が成長することが成功につながるんです」

受動から能動へ、徹底的に考える

念願のライフプランナーとなったが、その頃、地元愛媛県内の知り合いは七世帯しかなかった。ご満足いただいたお客さまからの紹介により次のお客さまとの商談へとつなげていくのが、ライフプランナーの仕事の基本である。数少ない知り合いとの一つひとつの商談を大切にしてアポイントにつなげていても、訪問先はすぐに底をついてしまう。か細い紹介ルートをたどり続けて四ヶ月、契約をお預かりしたお客さまは十五世帯という結果だった。

「これからどうしよう」と、支社でうなだれていた藤田に先輩が声をかけてくれた。

「私の様子を見かねていたのでしょう、スケジュール表と申込書のコピーを見ると、『全然ダメやな、これじゃ続けていけんで』と言われました。『どうしたらいいんでしょう？』と聞くと、『そんなこと自分で考えろ。そもそも自分で考えてわからないヤツは、この仕事は続かない』と返されたんです」

「考える」――投げかけられた言葉が重く藤田にのしかかった。

「何のヒントもありませんでした。ただ『考えろ』と言われただけです。でも、それで自分は実は全然『考えていなかった』ことに気付いたんです。

その後、その先輩と会う機会があったときに、改めて『あれは何を考えろという意味だったんですか？　私はできているんでしょうか』と聞いてみたんです。すると一言、『できているよ』と答えてくれました」

これをきっかけに考えるクセがついた、と藤田は言う。

アプローチ
必死だから売れない。立ち止まるから売れる

「とにかく何かあると考えに考えました。何でも深く考えるクセがつくと、『私はだめだ』ではなく、**『なぜ行くところがないんだろう』『どうしたらいいんだろう』と、疑問や問題を解決する方向に考えを進められるように変わってきたんです。**

今までは受け身でしか考えていなかったんですね。それが、『考える』ことを意識するようになると、お客さまと会っている間も『次は何を伝えようか』『どう話したらいいだろうか』と常に意識し続けることができるようになりました。

視界が広がっていき、今まで見えなかったことも見えてきます。お客さまの価値観ではなく自分自身の価値観で話をしてしまっていたり、相手に合わせようとするあまり、お客さまの思考の範囲内でしか話していなかったことにも気付きました」

これが転機となり、その後、藤田は少しずつお客さまの輪を広げていくことになった。

「『これでいいや』と思うと、思考はそこで止まります。考えるクセがつくとアイデアが出るし、相手の気持ちがわかるようになる。受動から能動へ――成長するためにどうしたらよいか、意識し続けることの大切さがわかったんです」

お客さま自身が決断する後押しをすることが、営業パーソンの付加価値を高める

藤田はスタートでは苦しんだが、能動的に考えることが身に付いてからは、コンスタントにトップクラスの成果を出し続けている。

そんな藤田が、自分の〝差別化〟のために心がけていることがある。

「営業パーソンが販売した商品なのか、お客さまが決めた商品なのか。**大事なのはお客さま自身が決めたということです**」

「お客さまが決める」となると、営業パーソンはどのような役割を果たすことになるのだろうか。

「お客さまから見れば決断するきっかけを作った『黒子』です。言い換えれば、課題解決の手助けをしてくれた人、課題解決のために必要な情報を的確に提供してくれた人ですね。そのように認識していただければ、お客さまにとっての営業パーソンの付加価値が高まります。それこそが私の目指す差別化です。

自分が理解し、自分で決めた商品だったら、人にも勧めたくなるし、ずっと続けた

いと思われることでしょう」


今やベテランの藤田を後輩は「支社で最も仕事をしている人」と評する。

「常に危機感があります。**スケジュールが埋まらないのが怖いんです。エグゼクティブ・ライフプランナーという、社内で最高位の職位となっても、自然に売上が上がるわけではない、楽になるわけではないんです**」と藤田は言う。

「新規の商談であれ、アフターフォローであれ、週の訪問目標は二十件としています。『～せねばならない』と考えると苦しいので、二十コマをクリアするゲーム感覚で臨んでいます。ただし、一つひとつの商談にはしっかりと時間をかけて、お客さまにきちんとご満足いただけるよう心がけています」


藤田は、このコマを埋めるために、お客さまへのテレアポは、毎週、有志の仲間と集まって行っている。

「たとえ断られても、めげても、お互いに励ましあおう、と始めたもので、長年続けています。一人で電話するのはしんどいですが、仲間と一緒であれば『ちゃんとやっているか』お互いに見ることができるし、『あいつも頑張っているから』と仲間の姿に励まされます。続けるべき行動を習慣づけるクセを作る目的で続けています」

藤田からトレーニングやアドバイスを受けている後輩たちは、「危機感、責任感、使命感が、藤田さんの行動を後押ししている」「ストイックでまじめで、一緒にいるだけで身が引き締まる」と藤田について語る。

「一人でうまくいっても面白くない。皆で勝つのがうちの会社らしいやり方です。そのために自分自身にあえて自ら負荷をかけているんです。

お客さまの数が増えると、お客さまへのアフターフォローにかかる時間や労力も多くなります。でも、アフターフォローを充実させ、お客さまに藤田から入ってよかった、安心だと思っていただけるように、質を落とさずに取り組んでいきたい。その点にも非常にこだわっています。営業内容のクオリティを維持しながら、この仕事を七十歳まで続けたいと思っています」

指南

- 「自分の何がよくないのか」「どうすべきか」徹底的に考える
- お客さまが「決める」ための後押しをする
- 常にスケジュールを埋める努力を

no. 04

商圏を絞るからこそ生まれる厚い信頼関係

伊部純一
福井支社
前職：信用金庫

伊部純一は、福井県越前町で生まれ育った。「父は地元の土木建設業者、母は町営の給食センターで働き、二人の給料を合わせても、首都圏の平均的な給与の一人分程度だったと思います」。卒業後は、「両親のような人に経済面でアドバイスできる人間になりたい」と考えて地元の信用金庫に就職した。

伊部がプルデンシャル生命への入社を決めたのは、「人に決められた数字ではなく、自分で決めた数字が目標になる」という点に強く惹かれたからだった。「自分以外の人のためにお金を残す、という生命保険の仕事が大好きです。保険を販売できる資格があることをとても誇りに思います」

町村合併前の旧越前町の人口は五千人。この商圏で全国でもトップレベルの業績を挙げている。

気軽に相談してもらえる「よろず相談所」を目指す

伊部は、「『何かを必要とする』お客さまと『その何かを提供できる』お客さまをつなぐ」、そんな出会いを作れる営業パーソンになりたい、と言う。

お客さまとの近しい関係づくりは、お客さまからのご相談がきっかけとなる。

「既存のお客さまから『相談があるんだけど』と連絡が来る場合、ほとんどは保険のご相談ではないんです（笑）。

『新社屋を建てるんだけど、減価償却と借金返済のスケジュールはどうしたらいい？』というお話もあれば、『タブレット端末の設定のしかたを教えて！』『伊部さんは海外によく行っているようだけど、マイレージってどう登録したらいいの？』など、ご相談はさまざまです。どんなことにも対応していますが、さすがにパスワードの設定を依頼されたときには、『大切なセキュリティのことですから、それだけはご自分でなさってください』と言いましたが（笑）」

あるとき、先輩から「そんなことまで受けていたら身体が持たないよ」と、心配されたこともあるそうだ。

「でも、全く苦になりません。商圏が狭いこともあり、『それだったら帰りに寄りますね』とか、『今夜、自宅に来ていただけますか』と気軽に言えます。わざわざアポイントを取らなくてもいいんです。気軽に声をかけ、気軽に相談できる。この気安さから、ご紹介も気軽にしていただけるのだとも思います」

次々と寄せられるご相談への解決策を考えることが結果として自分自身の成長につながるので、どうやったらお客さまのお役に立てるかを考えるのが好きだと伊部は言う。

「先日、ある後輩が寿司職人として独立するというので、本人に話を聞くと『伊部さんがチャレンジしている姿を見て触発された』と言ってくれたのは、うれしかったですね」

自分から電話せずに予定を埋めるには？

営業は、商談先がなければスケジュールも埋まらないが、伊部の場合、お客さまの方から「話を聞きたい」と電話がかかってきて、スケジュールが埋まるのだという。

「私の予定表を見て、同僚や後輩から『電話かけまくっているんでしょう？』『どんなテレアポをしているのですか？』とよく聞かれますが、実は自分からはほとんど電話しないんです。

お客さまと商談をしてご満足いただけたら、どなたかをご紹介していただくことが多いのですが、『私から電話します』とは言わずに、『私に電話をくださるようお話ししていただけますか』とお伝えしています。この方法は、紹介する側にとっても紹介される側にとっても、実はストレスが少ないんです。

紹介する側は『伊部さんという人から電話がかかってくる』と言うよりも、『伊部さんはいい人だから一度電話しては？』と言う方が気が楽ですし、紹介するからには『伊部』という人間がどんな人物か、いろいろと口添えもしてくれます。紹介された側も、知らない人からいきなり電話がかかってくるのではなく、あくまでその方が自分の意思で電話をするかどうかを決められますので、ストレスが少ないのです」

このようなスタイルで、伊部は努力を続けている。

「失敗しない人はいません。それも成長するための過程の一つだと思っています。運動をし続けたり、体に負荷をかければ、筋肉痛になりますよね。営業の仕事も同じです。でも、やり続けていれば、以前の自分よりもマシになったな、と実感できるようになります」

〝人間関係が近くて密〟だから信頼が波及する

地方マーケットについて、伊部は次のように語る。

「地方は営業する上でのメリットも大きいです。人間関係が近くて密ですから、いったん信頼を得られれば、それが二重三重に波及していくんです。たとえば、福井市には税理士会は一つしかないので、そこに接点ができれば市内のすべての税理士にコネクションができます。

信金時代は週に四十～五十件回っていたので、そのペースを維持できるようなやり方を工夫しました。月～水を新規に、木金を既存のお客さまのフォローに充てるようにすると、ご挨拶なども含めれば週に四十～五十件の訪問が可能になるんです。

逆に東京などのように人口が多いと接点を絞りきれず、どこに行ったらいいか、どのようにコンタクトを取ればいいかと悩むことになると思いますし、営業同士のバッティングもあるかもしれません。福井県の共働き率は全国一位。家族経営の企業も多いので、まだまだ保障を提供し切れていないのが現状です。

当社のような『グローバルな金融機関』としての強みと、地場に密着した『人と人とのつながり』や『距離感』を組み合わせれば、大きな強みになると感じています」

ただ、結局は、東京であろうと、福井であろうと、**自分が「どこ」で「何」をするのか、覚悟を決めることが大切**だと伊部は語る。

「人口が多く、ビジネスチャンスが多く、物価指数が高いからといって、うまくいくとは限りません。『自分は○○にいるから大丈夫』『自分は○○だから』と安心してしまうのは危険だと思います。自分が、『どこ』で、『何』をやっていくのかを決めたら、あとは、自分としてどうするのか、どうしたいのか、やるべきことをしっかりと見据えて取り組むことが必要だと思います」

指南

✓ 狭い商圏で人間関係が近いからこそ、密で厚い信頼関係が築ける

✓ お客さまのさまざまな相談事に応えることで自分を成長させる

✓ 「どこ」で「どのように」「何」をするのか覚悟を決める

no. 05

お客さまの心の琴線(きんせん)に触れる「質問力」を磨く

沓間勇人
東京南支社
前職：広告代理店

沓間勇人(くつまはやと)は広告代理店勤務を経て、二〇〇四年七月にプルデンシャル生命に入社した。

沓間が所属したのは、全社一位を獲得した営業所だった。優秀な先輩と後輩に囲まれ、入社した頃は、コンプレックスと不安にさいなまれていた。「周囲には遠く及ばない自分、なりたい自分と現実の自分とのギャップに目まいがしそうでした」

しかし、なぜうまくいかないのか徹底的に考えていくうちに、うまくいかない原因を人のせいにせず、お客さまに寄り添うスタイルへと自分を変えていくことができるようになり、営業成績も高水準で推移するようになった。

また、レベルが高い環境にいたおかげで、営業活動をする上で常に目線を高く保つ術(すべ)を教えてもらえたという。

数字には表れないお客さまの想いを聞く

「営業パーソンとしてレベルアップするにはどうしたらいいだろう」と悩み、模索していたころ、沓間は社内で尊敬する先輩に「弟子入り」し、何かにつけてアドバイスをもらったり、営業に同行させてもらうようになった。「社内外に頼られて、楽しそうに仕事をしていて、こんなふうになりたいと思う方でした」

あるとき、どうもしっくりこない……と悩んでいると、その先輩から「楽して安易に売ろうとしているんじゃない?」と指摘を受けてドキッとしたそうだ。

「お客さまに何を聞いているの?」と問われ、「ヒアリングシートにあることをちゃんと聞いています。お客さまの経済状況とか、家族構成とか……」と答えたところ、先輩からは「数字だけ聞けばいいというものじゃない。数字に表れてこないお客さまの想いを聞くべきだ」と言われたのである。この助言は、沓間にとってまさに目からウロコだった。

「思い返してみると、私の以前のプレゼンは、『素晴らしいですよ!』『今買わなければ損です!』と**こちらのプランを一方的にプッシュするやり方**だったんです。

これでは、お客さまの役に立っていると実感できないし、お客さまは『買ってあげている』という気分になって、喜んでくださることもないでしょう」。これをきっかけとして沓間のヒアリング内容は劇的に変わったという。

お客さまの課題解決の前に、まず自分自身を直視せよ

沓間は自分を乗り越えるために「聞く力」を磨いていった。

「とにかく、**深く聞くこと**、保険の設計に必要となる事柄だけでなく、プラスアルファの情報やお客さまお一人おひとりの想いを聞くよう心がけました。

それでも、何かが足りないと感じていたある日、『何がいけないんでしょうか』と再度、師匠にアドバイスを求めたところ、返ってきた答えは『愛が足りないんじゃない？』でした」

先輩曰く、「お客さまから聞いた情報を、そのまま保険という商品に変換しようとしているのではないか？　お客さまに愛情を感じている？　この人が好きだな、こういうところが素敵だなと思ってプレゼンしている？」。沓間は、またまた目からウロコが落ちたそうだ。

それ以来、お客さまのことを真剣に想って接し、想いを込めて万全に準備を行うようになった。そして、「お客さまにどのように役立つか」「お客さまの人生にとってどのようなメリットを提供できるのか」を懸命に考えながら、話を聞くようになったのだという。

さらに、「お話を伺ったからには責任と覚悟が生じます」と沓間は語る。

「なぜ覚悟が必要かと言うと、お客さまという人間の内側に踏み込む、いわばお客さまの秘密を共有させていただくことにもなるからです。お客さまの課題を託されたという責任が生じるとともに、お客さまと一生お付き合いさせていただくに値する人間かということが問われると思います」

結局、簡単にものが売れる「魔法のトーク」も「殺し文句」も、お客さまを魔法にかけるような「秘密のプレゼン資料」もない、と沓間は言い切る。

「どんなに素晴らしい提案でも、それを伝える技術を磨くだけではダメです。お客さまの本当の想いを聞かないと、結果として伝わらないんです」

沓間は、可能な限り「考えうるあらゆるシナリオを想定したい」と語る。

「**最悪の展開と最良の展開の両方を想定します**。実際はその中間のどこかで落ち着くものでしょう。そして、ケース別に想定できることは可能な限り準備しておきます。そうすることで、お客さまの前で慌てることもなくなります。プレゼンでなく、それに至る前段階の準備こそが営業なのだと思います」

沓間の自己改革、それはまず「ダメな自分」「至らない自分」を直視することから始まった。

「私たちはお客さまの現状を把握し、お客さまが抱える課題を解決するお手伝いをしています。であれば、まず自分自身の課題をきちんと把握できていなければいけません。現実の自分がどんなにダメで気に入らなくても、まずは自分を直視してあるがままに受け入れることです。そして、なりたい自分になるために、何が足りないのかを正確に分析し、それを克服していくことが必要なんです」

沓間は自分を「誰をも笑わせたり楽しませることができるようなキャラクターではない」「キャラクターやパワーで、その場の空気や展開をグイっと変えられるタイプではない」と自己分析する。それを自覚し、**力強くイニシアチブをとるのでなく、コーディネート役に回る**ことで自分の持ち味を生かし、結果を引き寄せる営業スタイルを確立していった。

「たとえば役所や病院に行って、あちこちの窓口をたらい回しにされたことはありませんか。そうではなく、お客さまのさまざまなお悩みに対して、専門の方にダイレクトにつないで『ここに行って、こういう質問をしたらいいですよ』という道案内をしてさしあげるのが自分の役割だと思っています。

そのためには知識を備えておくことは大前提です。その上で、情報の量で勝負するよりも、温かい気持ちでお客さまに寄り添うこと、コミュニケーションをとることがより大切なのではないかと思うようになりました」

かつて自分が変わることで成長し、成功することを目指してきた沓間だが、いつのまにか人の幸せ、仲間の成功を心から応援して喜べるようになってきたという。「これも、先輩が後輩の私に惜しみなく教えてくれたように、『仲間同士助け合う』というプルデンシャル生命の文化のおかげです。仕事は一生続くものですから、多くのお客さまとともに幸せになれるよう努めたいと思います。そして、それができる本当に素晴らしい環境にいられることに感謝しています」

指南

✓ プッシュだけではダメ、
お客さまの想いまでもヒアリングする

✓ 最悪の展開と最良の展開の両方を想定する。
営業とは準備

✓ お客さまがゴールに到達できるよう
コーディネート役を果たす

chapter

2

自己鍛錬

営業とはまた、

たゆまぬ自己鍛錬の積み重ね。

自分の弱さをいかに克服してきたのか。

その事例を紹介する。

no. 06

商談を自ら打ち切ることもまた〝営業〟

徳澤 陵
首都圏第九支社
前職：大手物流会社

徳澤陵は、アメリカンフットボール一色の大学生活を送っていた。社会人になってからはアメリカンフットボールと両立しながら仕事でも実績を挙げ、研修制度による海外駐在も経験した。公私ともに順風満帆だった徳澤だが、十二年前プルデンシャル生命のライフプランナーへの転身を決意した。

「実家は関西で呉服商を営んでいたのですが、バブル時代に受けた過剰な融資や、父親が病に倒れたことなどが原因で家業が傾きました」

「お金さえあればここまでの苦労はなかったはず……」と思わずにはいられなかった。その後も何度となく保険の大切さを痛感する出来事があり、「私でなければ伝えられない話がある」と思い、徳澤はライフプランナーへの転身を決意した。

練習は裏切らない

営業パーソンにとっての壁はいろいろあるが、そもそも最初の一歩を踏み出せない」という人がいる。徳澤が後輩から相談を受けることが多いのは、「うまく話せない」「営業の話をうまく切り出せない」の二点である。

「うまく話せないという人へのアドバイスは、『とにかく練習あるのみ』。後輩がロールプレイ合宿を企画したときには、いくらでも付き合って一緒にロールプレイをしています。日々の練習が大切なのは、学生時代の部活と同じだと思うんです。野球部であれば毎日野球の練習をしますよね。それが結果につながります。

アメリカンフットボールを長らくやってきた私の好きな言葉は**『No pain, no gain（痛みなしに前進なし）』です。練習は決して裏切りません。力と自信をつけてくれます**」

二つ目の悩み、「営業の話をうまく切り出せない」という人に対しては、「初球は相手の出方を見て……」などと変化球を繰り出すのではなく、「生命保険の話を聞いてほしい」と宣言して直球勝負で挑むべきだと徳澤はアドバイスする。

「『自分はこういう信念を持って仕事をしています。話を真剣にさせてください』と真っ向から伝えることです。そして『いいですよ』と言われたら、正々堂々と話をしたらいいんですよ。『営業してもいいのかな、関係が悪くなってしまったらどうしよう』などと思わず、まずは相手にきちんとこちらを向いてもらうことです」

会う人すべてが保険に入ってくれたらうれしいけれど、そんなことはありえない。だからといって、相手に迎合することはない、と徳澤は語る。ではどんなスタンスが求められるのか？　徳澤は、ある仕事にたとえる。

自己鍛錬

商談を自ら打ち切ることもまた"営業"

「**私たちの仕事は人の心を動かす、人に感動していただくという意味では、舞台俳優と同じだと思うんです。**舞台俳優であれば、劇場に一人しか観客がいなくても、たとえ観客が興味なさそうにしていても、大勢のファンが来てくれたときと同じように、全力で演じるでしょう。少しでも手を抜いた瞬間に、それは観客に伝わります。そして次から来てくれなくなるんです。

私はお客さまに対しては、常に一〇〇%の状態で商談します。それを実践するためには、体調管理、心の管理、そして事前の準備でも、常に一〇〇%であることが必要だと思うんです」

いつまでも成約に至らない〝ゴースト〟を追い続けないこと

売れない人は「お客さまではなく〝ゴースト〟を追い続けているのでは?」と徳澤は言う。

「お会いしたお客さまから、『そうですね。考えておきます』と言われ、次回のアポイントの前に電話をすると、『すみません、急用が入ってしまって……』とキャンセルされ、何度電話してもその繰り返し。予定表は常に埋まっていて、『見込みあります！』と会社では報告しているのに、全く成約に至らない……ということはありませんか？

こうしたお客さまの多くは、断れないだけなんです。そんなときは、**いつまでも成約に至らない〝ゴースト〟を追い続けるのではなく、こちらから勇気を出して、『お会いいただくことはできませんか？』『結局ご興味はないですか？』という〝営業〟をきちんとするべきです**」

それでももし断られてもガッカリすることはない、逆にチャンスだと徳澤は言う。

「三人に一人は『要りません』と言うかもしれません。でも、それでいいんです。そんなときは『今までお付き合いいただいてありがとうございました』と、できるだけ爽やかにご挨拶します。そして、そのまま帰るのではなく、『聞いていただいたお話はいかがでしたか？　もし少しでもお役に立てたのでしたら、このお話を聞かせたいと思う大切な方をご紹介いただけませんか』と必ず申し添えるのです。

自己鍛錬

商談を自ら打ち切ることもまた"営業"

断られたお客さまであっても紹介してくださるときに『あの人は押し売りしない。役に立つから聞いたほうがいいよ』と言っていただけるので、紹介先のお客さまが前向きに会ってくださっているように感じます」

セールスの仕事では、落ち込むこともある。それをいかにコントロールするかも、その人の行動に関わっていると徳澤は言う。

「テレアポなど、営業パーソンにとって苦手なこと、辛いことを避けていると、今は調子よくても、やがてジリ貧になってしまいます。ここでも『No pain, no gain』です。自分が苦手なことにきちんと向き合っているか、常にチェックすることをお勧めします」

徳澤は、苦手なこと、辛いことを乗り越えて向き合う努力、常日頃から自分を磨く努力を、どこかで誰かが見てくれていると言う。徳澤の言葉を借りれば、「私は、『営業の神様』(徳澤の場合は、生命保険の営業だから「保険の神様」だが)がいると信じています」。努力をしていると、あるとき、ふっと神様が微笑んでくださるのだそうだ。

前の会社の上司に営業した際にこんなことがあったという。

「とても怖い人で、話をしている最中にも腕時計を見ながら『徳ちゃん、あと何分聞いたらええの?』と言われましてね。体が固まって、自分でも何を話しているかよくわからないという商談だったんですが、最後はあっさりと『わかった、それでええよ』とおっしゃるんです。そして、『一緒に仕事していたとき、いつも最後まで事務所にいて電気を消して帰っていたことを知っていたよ。徳ちゃんのことを信頼しているから頼むわ』とおっしゃってくださいました。

見ている人は見てくれているんです。そして『よう頑張っとんな』と期せずして神様が現れてくださる。ただし、これは頑張っている人にだけですよ」

商談を自ら打ち切ることもまた"営業"

指南

✓ 練習は裏切らない。練習から逃げない。
練習なくして前進なし

✓ 「ゴースト」(見込みのないお客さま)を
いつまでも追いかけない

✓ 営業パーソンは舞台俳優。全力で商談に臨む

no. 07

成功するパターンの再現性を高める

石橋誠志
名古屋北支社
前職：信用金庫

石橋誠志は、大学卒業後地元の信用金庫に就職したが、信金時代の先輩の誘いでプルデンシャル生命に転職した。「お客さまのためという企業姿勢がゆるぎなく一貫していること」に感銘を受けたからだった。以来着々と高い業績を挙げてきている。

失敗を検証し、成功するパターンの再現性を高める

石橋の営業スタイルの特長は常に正攻法であること。セールスプロセスの基本に忠実であるとともに、常に自己検証を続けている。

「うまくいった商談とうまくいかなかった商談を、常に自分の頭の中で再現して検証しています。うまくいかなかった場合は、その流れを思い出してみて、もしやり直せるとしたら、どうすればよかったのか、何を言えばよかったのか、何を言わなければよかったのかをじっくりと考えます。とにかく、やりっぱなしにしないということですね」

石橋は新人や後輩に自身のロールプレイを披露する際には、要所要所で進行を止めて受講者に「なぜそれを言ったのか」「なぜそのフレーズなのか」「そこで何を伝えたいのか」と質問し、彼らにまず答えさせた上で、解説を加えるのだそうだ。

「各フレーズの意味をきちんと理解しているかを確認しています。全く同じスクリプトでも売れる人と売れない人がいるということは、単なるフレーズの問題ではないの

です。どれだけ自分で理解して、腹落ちして話しているかが大切なのです。

そして、きちんと逆算して何を話すかを考えることですね。○○ということを聞き出すために△△と質問する、△△を考えていただくために××と質問する――という流れです」


石橋は自身の経験を踏まえ、失敗には限られた数のパターンしかないと言う。

「失敗を検証し、その理由やどうすればよかったのかをきちんと理解すれば、成功するパターンの再現性を高めることができます」


石橋は入社以来、人よりもずっと売上を上げているのに、周囲に対して「行くところがない」と言うのが口癖だったのだそうだ。

石橋は、うまくいっている営業パーソンは総じて危機感が強いと語る。

「誰でも危機感はあると思うんですが、売れている人は『危ない』という非常ベルが鳴るのが他の人より早いと思います。どん底の一歩前でようやくベルが鳴る人がいれば、かなり早い段階でベルが鳴る人もいる。この違いが結果の差を生む気がしています。

ただ、不安だということを決してマイナスに捉えずに、一日でも早く不安とうまくつきあえるようになれればいいと思います。私は、入社して五年くらいはうまくつきあえず、不安で苦しかったのを覚えています」

不安を解消する手段として、まずは会社が提示したマイルストーンを追いかけることにしたと石橋は言う。

「どうすればうまくいくのか、成功するのかわからない。だから社内コンテストの入賞など、会社が提示するマイルストーンに乗ってみることにしました。それをはずしたら、自分がどこまで落ちていくかわからない。だから頑張ってしがみついていました。自分の不安感が少し落ち着いたのは、入社して六、七年経ってからでしょうか」

モチベーションで仕事をしない

今は、**危機意識を心の奥底に抱えつつも、モチベーションに振り回されないことも**

大事だと石橋は語る。

「モチベーションが常にビジネスパーソンの話題になるということは、結局、誰にとっても課題なんですよね。であれば、それに左右されない、振り回されないようにしようと考えるようになったんです」

石橋のスタンスは「モチベーションでは仕事はしない」

「以前、日本シリーズで巨人軍の原監督（当時）が、『一喜一憂しない』と言っていたのを聞いて、『これだな』と思いました。うまくいっても驕らず、うまくいかなくても落ち込みすぎない。今もヘコむことは多いですが、『十何年間とやってきたんだし、明日になればもっとよくなるかな』と気持ちを切り替えるようにしています」

石橋は、**自分に寄せられる期待やプレッシャーを、自分の伸びしろを伸ばす力に変えていった**という。

「中学生時代はサッカーで県一位、東海地区二位にまで勝ち進んだのですが、そこから得た教訓は、努力は一人ではできないということです。自分一人では、あれだけ厳しい練習は続けられません。監督やコーチにサポートしてもらったからできたんです。

ジムでトレーナーを付けるのも同じですよね。自分の限界まで筋トレをしたところで、トレーナーに『あと三回やってみましょう！』と言われると、自分の限界を超えて頑張れる。ですから、積極的に、自分以外の力を借りる、自分に寄せられる期待やチャレンジや負荷は、拒まず受け止めて乗っかる。それによって、自分の伸びしろを伸ばしていきたいと考えています」

石橋が入社して数年目、新しくできた支社に移る際に、「後輩に背中を見せよう。先輩が頑張っている姿を見せなくては」と思い、率先して目標達成に取り組んだ。その後も石橋は、全社規模の社内研修会の運営など、手弁当で同僚に貢献する仕事でも、期待に応えることを自分の成長の機会としてきた。

石橋は現在四日市在住で、お客さまの九割以上は四日市の方々である。地域と密な関係を築き上げているのも、石橋の営業スタイルの特長だ。「このお客さまにはご無沙汰してしまった」と感じたら、とりあえず訪問するのだそうだ。

石橋の担当営業所長は次のように語る。

「年を重ねるごとにお客さまとの信頼関係を深めて、お客さまの輪を広げています。地方都市における営業スタイルの理想的なモデルといえるでしょうね」

今後について石橋はこう語る。

「お客さまが増えるということは、自分の友人や先輩や家族が増えていくことだと考えています。この仕事を辞めたり、信頼をなくすようなことがあれば、周りにいる人をすべて失うことになってしまいます。

自分の力で切り開き、手に入れていける、すべては自分次第というライフプランナーの仕事は、仕事というよりも人生そのものです。これからも、四日市のお客さまのご信頼をいただき、全国の仲間とつながりながら、自分に対して限界を設けずにやっていきたいと思います」

自己鍛錬

成功するパターンの再現性を高める

指南

- ✓ 自分の失敗をしっかりと自分で再検証。成功パターンの再現性を高める
- ✓ モチベーションに振り回されない
- ✓ 他からの期待やプレッシャーを、自分を伸ばす力に変える

no. 08

人がイヤだと思うことを習慣化し、抜きん出た実力をつける

島原由喜雄
岡山支社
前職：銀行、
信用調査会社

柔和で優しさに溢れた笑顔が印象的な島原由喜雄。しかし、幼少期には、その笑顔から想像もつかないような苦労を重ねた。「父を早くに亡くし、母は病弱で、生活は困窮しました」

成績優秀だった島原は、アルバイトで生活費を稼ぎながら、入学金免除で大学に進

学。卒業後は地元の銀行を経て信用調査会社で法人営業に携わった。

「お客さまは親ほども年齢が離れた経営者でした。人生の大先輩ですから、まずはお時間をいただいたことに感謝し、背伸びすることなくいろいろなことを教わろうと考えました。会社への想いやさまざまなご苦労、ご家族のことや趣味に至るまで、真剣にお聞きするようにしました。すると、『初対面の人にここまで腹を割って話したのは初めてだ』とおっしゃっていただけるようになりました」

こうしてヒアリング力を磨き、全国一位の実績を残した島原に、プルデンシャル生命から誘いがかかった。自身の経験から生命保険の重要性を強く感じていた島原は、ライフプランナーへの転身を決意した。

お客さまとの距離を縮める二つ目、三つ目の質問

島原は、信用調査会社時代、経営者の方にお会いしながら押し付けがましくないヒアリング力をベースとした営業スタイルを身に付けていった。

ヒアリングで大事なのは最初の質問ではなく、二つ目、三つ目の質問だと島原は言う。深掘りができ、お客さまとの距離が一気に縮まるからだ。

「プルデンシャル生命では、『お客さまと営業担当者の間の三フィート＝九十センチが大事』であるということから『ファイナル三フィート』という言葉がよく使われますが、私の感覚ではもっと近いほうがいいと思っています。

営業パーソンの多くは、おそらく話の根幹にたどりつくまでに、対話が終わってしまっているのではないでしょうか。もう少し近づいてもいいと思います。相手の方に興味と関心を持ち、その上で価値観を共有するところまでをゴールにすべきなのでしょう。

私の場合、話したいところをぐっと我慢して、話すことと聞くことの比率を逆転させたらいろいろなことが見えてきました。いつも感受性と聴く力をＭＡＸにしてはじめて、お客さまのことを理解することができると思っています」

島原は、人一倍努力を続けている。

「信用調査会社時代は、誰よりも早くに出社し、誰よりも一生懸命働いたという自負があります。昼食をとる時間も惜しんで仕事をする姿から、〝修行僧〟と呼ばれていました。客観的に見て、私はかなりストイックだったと思います」

プルデンシャル生命に転職した後も、「誰よりも一生懸命」でストイックな仕事ぶりは変わらなかった。「頭の中で仕事以外のことをすべて排除して、移動中も、風呂に入っているときも、歯を磨いているときも、ただひたすら仕事のことだけを考え続けました」

空き時間は車の中でひたすらテレアポをした。「営業という仕事にとって一番の精神安定剤は〝これからアプローチできる見込みのお客さまの数〟と〝商談のアポイントの数〟の二つ」だと島原は考えているからだ。

「自分の能力を過信しません。人の何倍もやってやっと人並み。私のような凡人が大きなことを成し遂げるには、小さなことを積み重ねていくという方法しかないと思っています。自分の仕事に対する信念と使命感をお伝えし、共感いただくことでたくさんのご縁をいただき、人にお会いし続ける。ご紹介でご縁をいただくのは自分の営業のためではなく、これから先も自分がご提供する生命保険という解決策が多くの方をお守りしていくことにつながると信じて、愚直にやり続けました」

地道な活動のほかに、島原は知識の習得も重視している。

「仕事において知識は礼儀です。保険に関しての知識はもちろんのこと、周辺知識の勉強も怠りません。そして得意分野を増やします。私はもともと資産運用や住宅ローン、企業財務分析やリスクコンサルティングが得意分野でした。お客さまのお役に立つためには、年金をはじめとする社会保険制度や税金、相続、事業承継……と、いくらでも勉強することはあります。

いくら忙しくても、勉強する時間を確保できるようにスケジューリングします。夜が無理なら、どんなに眠くても早朝に勉強します」

「昨日の自分よりも今日の自分、何か一つでもスキルや知識を増やせるよう磨いていきます」と島原は語る。

「**成功者とは、人がイヤがることをし続けて、それを習慣化した人のこと**」

この言葉が島原の座右の銘である。

今日はここまでと思っても〝あと一件〟

島原は、極貧の子ども時代を過ごしたが、今や天職といえる仕事に就いて高い実績を挙げ続けている。「恵まれなかった過去の自分の人生に、やっとリベンジを果たすことができたと感じています」。それが実現したのは、島原が結果を出すことにこだわり抜いてきたからだ。

「途中の過程も大切ですが、高いレベルで結果を残すのがプロの仕事だと考えています。そのためにも『絶対にあきらめない』と常に心しています」

島原は、自分の立てた目標は何が何でも必達であると、周囲に公言している。

「退路を断ち、目標の力を信じて、常に真剣勝負で挑んでいます。自分でやると決めたことができないのがとにかく悔しいんです。

この仕事は、営業結果＝お客さまへの貢献度だと思っています。ご縁あってお会いした人や会社にどれだけ安心を届けられたか――。お客さまのためと思えるから頑張れるのです」

ご契約いただくということは、言い換えれば、将来お会いできる見込みのあるお客さまがそれだけいなくなってしまうということでもある、と島原は考える。だから、成約となればなるほどますます危機感が募り、島原は、「あと一件」「あと一件」を実践していると言う。

「電話をかけるのも、お会いするのも、今日はもうここまでと思ったところからの〝あと一件〟です。前職時代『あと一件を毎日実践したら一年間で大変な数になる。そこから生まれる結果を頭の中で想像してみたら』と言われたことがあります。命がけで会社経営をされている中小企業の社長様からいただいたありがたい金言でした」

就寝中でも、海外出張中でも、携帯電話はいつでもとれるようにしている。

「入院されたとか、亡くなられたというような、お客さまが一番不安な状態のときに、経済的な面ではご安心くださいとすぐにお伝えしたい。生命保険の担当者であるということは、そこから先のその方やご家族の人生に対して大きく重い責任を負うことです。いつでも頼れる存在でありたいと思っています」

指南

- お客さまの価値観までも理解する、第二、第三の質問が大切
- 今日はここまでと思ったところからの、「あと一件」が大切
- 成功者とは人がイヤだと思うことを続ける人

no. 09

勝つための定石「物が売れる原則」を押さえる

北林久修
神戸支社
前職：外資系大手建設機械メーカー

北林久修が大学卒業後に就職したのは、外資系大手建設機械メーカーだった。営業として兵庫県の中小土木業を担当した。

前職時代、営業配属直後は全く売れない記録を残すも、一気に全国トップクラスの営業成績を挙げるまで売れるようになった。それは「『必死』でなく『本気』になって営業マンとしての戦い方を学んだから」だった。

「『必死』とは『必ず死ぬ』ということです。誰しも、『死にたくない。失敗したくない』という恐怖を抱えています。倒産した会社の社長であれば、その危機を回避しようと必死にならなかった人は一人もいないでしょう。しかし、必死で働き駆けずり回っても、やはり倒産してしまう場合があります。なぜなら、こうした恐怖や不安から生まれる『必死』のエネルギーは、しんどくて、辛くて、継続できないマイナスのエネルギーだからです。今をしのぐことはできても、現状を打破し、自己実現し続けていく力にはなりづらいと感じています」

北林は「人間、本気にならなければ勝てない」と言う。

「本気になった人の特徴は、明確な自己実現のための目標があることです。

本気になった人は、その目標を達成するために戦い方や理論を徹底して勉強しています。定石を知らずに碁を打っても勝てません。勝ちたかったら定石を徹底してマスターする必要がある。お客さまから信頼を得ている人は、顧客心理を徹底して研究しているはずです」

ベテランとなった今も自分のプレゼンをビデオで検証

勝つための定石として押さえる必要があるのが、「物が売れる原理原則」だと北林は言う。人はどんなときに物を買うのだろうか。

「『この商品が欲しい』と明確に意識し、『この会社や営業担当は信頼できる』と判断したときにのみ、人は物を買うのです。非常にシンプルで基本的な購買心理です。私はこれを、『商品を必要と思う度合い』をX〉Y〉Z、『会社や担当が信頼できる度合い』をA〉B〉Cという図にして説明しています。人は〝XA〟のゾーンでしか物を買わないのです。

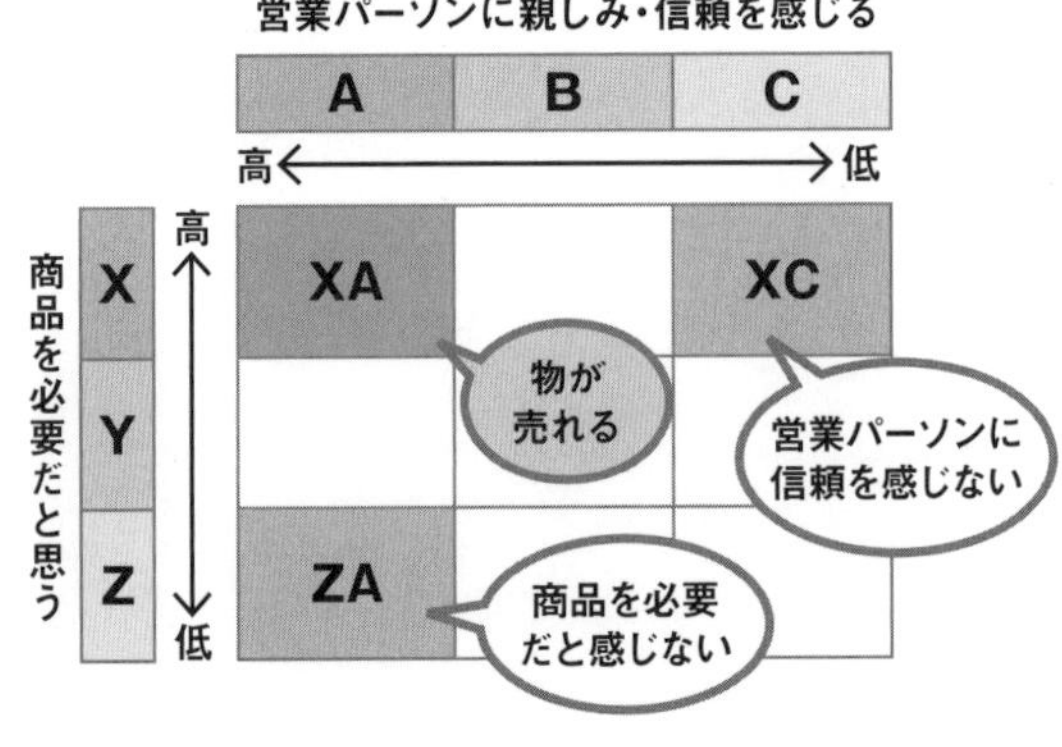

自己鍛錬

勝つための定石
「物が売れる原則」を押さえる

たとえば、一生懸命に商品の説明をして、お客さまが『これは必要だな』と思っても、『会社や営業パーソンを信頼できない』と購入しません。X＝必要性を感じた。しかし、C＝信頼を感じない営業パーソンだった。したがって、お客さまはXCゾーンなので、購入しないと判断するわけです。

一方、信頼だけでも購入にはつながりません。A＝信頼できる営業パーソンでも、Z＝お客さまが今すぐ必要だと感じなかったら、購入には至らないでしょう。仮に、購入いただいたとしても、お客さまが必要性を認識していない以上、継続は困難ではないでしょうか。

商品の必要性を説き、営業パーソンとして信頼性を高めることで、お客さまと〝XAゾーン〟の関係を築いていく言動こそ、営業パーソンとして打つべき定石です」

信頼を高めるためには何が必要なのだろうか。

「たとえば『訪問先で靴をそろえる』という行為を意識するだけでも、『礼儀正しい人だ』とお客さまからの信頼性は高まるでしょう。ちょっとしたことでも意識してみるだけで、具体的かつ現実的な行動となり、全く異なる結果につながります。

そのためにも、営業パーソンはXAゾーンへ持っていけるよう、必要な筋肉だけを集中して鍛えておきたいものです。短距離ランナーがマラソンのトレーニングをする必要はないように、競争に勝つ上で、その人に合ったトレーニングをすればいいんです。『工夫なき努力』はムダに終わる可能性が高い。でも、工夫してかいた汗は裏切りません」

大ベテランとなった今でも、北林は一人で自分のプレゼンをビデオに撮ってチェックしている。「この説明はあと二分縮めよう」「この言い方だと伝わりにくいから、こういう表現でいこう」と、お客さまに一点の曇りなく納得していただける手を打てるよう、自らを磨き上げ続けているのである。

「自分と他人は違う」という前提でのコミュニケーションを

営業パーソンは、お客さまとどのような関係、距離感を築くべきだろうか。

「間違ってはならないのは、営業パーソンとお客さまのコミュニケーションは、お客さまと単に仲良くなるため、わかり合うためのコミュニケーションではない、ということです。

人は自分の考えを伝えるために言葉を交わしますが、自分の言いたいことを相手に伝え、相手の言いたいことに耳を傾け、お互いとことん話せばわかり合えるかというと、そうではありません。**とことん話し合えば、『自分と相手は違うのだ』ということに気付きます**」

この気付きが重要だと北林は語る。

「ビジネスの世界では、売り手と買い手の意見や立場が一致しないこともあります。それに、何もかも同じ人間、同じ会社なんてありません。考え方、背景、抱える事情も全く違う。だから、『自分と相手は違う』と理解することが何よりも重要なのです。

その理解に基づいて、どういう言葉を使えば、自分の気持ちが相手に伝わるのか、どういう聞き方をすれば、相手の真意を聞きだすことができるのか。これをとことん突き詰めるのが『真のコミュニケーション』です。**『真のコミュニケーション』こそ**

が、お客さまとの良好な関係や距離感を生むと考えます」

さらに「人として（どうなのか）」が大事だというのが、北林の信条である。

「プルデンシャル生命には、社員の行動指針として、『コアバリュー』（「信頼に値すること」「顧客に焦点をあわせること」「お互いに尊敬しあうこと」「勝つこと」）がありま す。こうしたものがきちんと掲げられていて、皆で口にし、伝えていく文化があるこ とがとても大切です」

「生命保険を通じ、お客さまの人生に真剣に携わり、確固たる信頼を得る」という、北林の強い思いが、ある日一つの形となって現れた。

「長いお付き合いのあるお客さまから『北林さんは家族も同然だし、顔を見ながら逝けば父もきっと喜ぶだろうから、最期を一緒に看取ってほしい』と言われたんです。生命保険の営業パーソン北林久修として、できることを全てやったと感じられた瞬間で、営業マン冥利に尽きる経験でした。『最後は〝人〟としてどうなのか』ということが大事だという、当たり前のことを再確認しました」

指南

- 「物が売れる原理原則」を徹底してマスターする
- 「人と人は違う」と理解した上で、相手に理解してもらえるコミュニケーションを
- 結局は「人として」が大事

no. 10

「仕事観」から戦略を練る

小松 豊
首都圏第一支社
前職：専門商社
(国際部門担当)

コンピュータメーカーを皮切りに、リース会社、専門商社と転職をしてきた小松豊が主に携わってきたのは営業管理職だった。

仕事ぶりは十分に評価されていたという小松だが、営業という仕事が本当に自分に向いているのか、確信が持てずにいた。そんなとき、プルデンシャル生命のライフプランナーから保険の提案を受ける機会があった。

「ライフプランナーとのやりとりが本当に楽しくて、営業されているという感じは一切ありませんでした。商談は実際には何時間もかかったのですが、あっという間でした。

そのライフプランナーは心から仕事を楽しんでいるように見えて、営業という仕事に対するイメージが一八〇度変わりました」

彼のように楽しく仕事がしたい、そして世の中の役に立つ仕事がしたいと小松は転身を決意し、プルデンシャル生命に入社した。

営業として続けていくためには「戦略」が必要

エンドユーザーへの営業経験が少なかった小松は、当初は、「個人のお客さまに営業ができるだろうか」「お客さまを紹介いただけるだろうか」などの不安を抱えていた。それを払拭するために、とにかくがむしゃらに活動を続けた。

そして、徐々に結果を出せるようになっていったが、入社して四年目、大きな壁が立ちはだかった。

「前職時代のお付き合いの輪やそこから広がった紹介先は多かったのですが、徐々に行く先がなくなってきたんです。なんの戦略も考えず、ただひたすら目の前の仕事をこなしてきたツケが回ってきたんでしょう」

そこで小松は**これから自分がどんな戦略で戦っていくべきかを真剣に考え、今後の活動方針を決めた。**

「前職での経験を生かし、個人ではなく、法人を中心とした戦略を立てていこうと考えました。そのため、後輩、親が経営者だという知人、中小企業の社長との接点を持っている人……等々、企業につながりのある人をピックアップして、毎日必ずそのうちの四名に会うと決め、実行していきました。そして、企業に保険のアプローチをしたいという目的と趣旨をはっきりと伝え、紹介していただきたいと真剣に依頼しました。

すると、徐々に紹介の輪が広がっていき、それまでで最高の数字を出すことができたんです。一度立ち止まって戦略を練ることの大切さを身をもって実感しました」

小松は、戦略を立てるにあたって、まずは「自分の仕事観」の確認が大事だと語る。

「『売れる人』と『売れない人』の違いは『仕事観』の違いなのではないか、と思います。単にそこそこの収入を得るためのものなのか、人生をかけてやろうとするものなのか。後者であれば自分が今持つ力を一〇〇%生かすために何をすべきか工夫し、勉強し、努力します。つまりそこから、戦略をしっかり立てるということにつながるのです」

ノートに書き出すことで好不調の波から抜け出す

営業パーソンにとって、業績に波はつきもの。良い波も来れば悪い波も来る。それは避けようのないものだと小松は言う。その波をどのように乗り越えたらいいのだろうか。

「私自身は、『そういうときもあるさ』と淡々と捉えるようにしています。良い波のときも、はしゃがない。悪いときは『こういうこともあるよね』と、口に出すんです」

以前、家族が病気になって入院が重なるという〝大波〟が来たそうだ。処理しないといけないことがいっぺんにやってきたときに、**自然と実行するようになったのが「やるべきことをノートに書き出す」こと**だった。

「一度にいろいろなことを考えなければならない状況で、本当にパンク寸前でした。そこで、とりあえず今やらなくていいことはもうやめようと、仕事とプライベートに分けて、それぞれノートを作り『今すぐにやる重要なこと』『すぐにやらなくてもいいこと』を書き出していきました。するとやらなくてもいいことに追われていることに気が付きます。

書きながら、自分の頭の中も整理されていくのがわかります。胸につかえていたものが解消される感じですね。限られた時間の中で、今やらなくてはいけないことを再認識し、優先順位も明確になります。今でも頭の中が混乱しているときには実行しています」

現状維持では七割しか達成できない

小松が法人のマーケットを広げようと試行錯誤していた当時、企業の財務や経理担当者の専門的な話にまだついていくことができなかった。相手から「この人とは深い話はできないな」と思われていることがわかったと言う。

「そこで、知識を身に付けるために、各種のセミナーに参加することから始めました。さらに、前職の顧問税理士さんにお願いして、税理士仲間の勉強会に参加させてもらうことにしました。

最初は内容が理解できず、その場にいるのも苦痛なほどチンプンカンプンでした。実に居心地が悪かったことを覚えています。でも、そうやって**居心地の悪いところに身を置くのも、成長するためには必要なこと**なんですよね。

勉強会では講師役も順番で回ってきます。しっかり勉強しておかないと務まらないので、必死です。その後、簿記の資格も取得し、少しずつ税務の話も理解できるようになりました。そして、だんだんと参加者から経営者をご紹介いただけるようになったんです。

やはり見ている人は見ています。どのくらい真剣なのか試されていたのかもしれませんね。『小松なら任せても大丈夫』と認めてもらえるところまでいかないと、紹介にはつながらないんです」

セールスを長く続ける秘訣は「向上心」だというのが小松の持論である。

「世の中は変化しています。それとともにお客さまから求められるものも変わってきます。だから、私たちも進化し続けていないと、特に厳しい経営者の方々からは相手にされなくなってしまいます。現状維持でいいと思えば、現状の七割程度しか達成できません」

だから、学ぶことにためらいはない。好業績のライフプランナーがいれば、年齢や経験に関係なく、またそこが遠くの支社であっても出向いて話を聞くようにしている。

「同じ会社の同じ商品なのに、なぜ結果が全然違ってくるのか——。ベテランと言われるようになった今でも、まだわからないこと、知らないことはたくさんあります。私のライフプランナー人生、残りの時間は限られているんです。教えを請う側が出向くのは当然。相手の年齢やキャリアなんて関係ありませんよ」

指南

✔ 一度立ち止まって
自分なりの「戦略」を考える

✔ 好不調の波に巻き込まれたら、
物事の優先順位を書き出してみる

✔ 必要なのは「向上心」。
居心地の悪い場所に身を置くことも必要

chapter

3

原動力

自分自身をどうやって前へと向かわせるのか。

自分の弱さを自覚し、

自らを奮い立たせてきた

道のりを紹介する。

no. 11

元教師が見つけた「できない」自分との闘い方

木村一範
首都圏第三支社
前職：小学校教員

小学校教員からライフプランナーに転身した木村一範は、個性豊かなライフプランナーの中でも特に異色の存在である。

教師になりたいという子どもの頃からの夢を叶えた木村には、たくさんの子どもたちとの出会いがあり、毎日が貴重な日々だった。しかし、教員生活十五年目に大きな転機を迎え、教員からの転身を考えることとなった。そして、「教員の世界を学校の外から見てみたい」と強く思い、かつて顧客の立場で接したことがあるライフプランナーという仕事にチャレンジすることを決意した。

自らを振り返り、自らを律し、自分を伸ばす

木村がプルデンシャル生命に入社したときの担当営業所長は、面接を受けに現れた木村に戸惑いを覚えたと語る。

「信念・情熱があり人に尽くす気持ちにあふれていましたが、教員生活でスーツはほとんど着ていなかった様子で、営業パーソンとしては垢抜けているとはいえず、これで本当にやっていけるのかと思いました。そこで『どういう生徒が伸びますか?』と聞くと、『素直に教えられたことを受け入れ、こうなりたい、という夢を持っている子どもです』と答えるので、『あなたがその生徒になるのですが、できますか?』と聞いたところ『やります』と即答しましたから、営業パーソンに求められる基本的な

要件を順を追って伝えました」

その後の木村の変化には目覚ましいものがあったという。

「**徹底的に『できない自分』と向き合い、服装や話し方、マナーも短期間のうちに激変しました。**入社後一ヶ月間の研修が後半に差し掛かる頃には、見違えるようにスッキリとした営業パーソンに生まれ変わりました」（担当営業所長）

そして、実際に現場に出てからの木村の活躍は、担当所長も含め、支社の仲間全員の予想をはるかに超えるものだった。木村自身は次のように振り返る。

「教員時代の先輩や同僚たちが心配してくれていましたので、真っ先に訪問し、なぜ転職したかという理由から説明しました。新しい世界で頑張っている様子が伝わると、保険の話を真剣に聞いてくださいました。職員室には入らないように心がけ、教室でお時間をいただきました。

営業所長には、商談が終わるたびに報告していました。報告していく中で自分の考えがまとまったり、反省点が明確になってきます。所長が絶妙なリアクションと質問、共感の姿勢で聞いてくださったことを、今も本当に感謝しています」

木村の強みは、以前の職場で高めてきた人望や信頼関係だけではなかった。担当営業所長は次のような点を挙げる。

「教員という仕事は、誰かから指摘を受けるというよりも、自らを振り返り、自らを律し、自分を伸ばしていくというスタイルなんですね。木村さんは、**自分でとことん考え、そこで得た結論の答え合わせをするつもりで、疑問点や意見を営業所長にぶつけてくる**、という感じでした。それも思い立ったらいつでも、そして納得するまで、と徹底しています。木村さんは、そんな姿勢を貫いて日々成長していきました。

教員と営業は全く別の異なる職種なのではなく、人と人とが気持ちを通わせるという点では変わりがありません。加えて、木村さんの純粋で裏表がなく、何事も誠実に一生懸命に取り組むという人柄が営業に生かされました」

自分一人で考えるのには限界がある

木村は過去十年のキャリアで、一度も落ち込むことなく営業成績を伸ばし続けてきた。なぜ、それが可能だったのだろうか。

「教員での経験を活かせたことが大きかったと思います。授業と営業の間には、驚くほど共通点があります。授業での指導案の作成と児童への発問が、児童の気付き・学びにつながりますが、これは営業でお客さまの課題を把握し、改善策を共に考えることに通じます。また、営業における面会では『実状調査（＝顧客へのヒアリング）』を行いますが、学校での『家庭訪問』や『個人面談』と非常に共通するものがあるのです」

加えて、常に新しい〝学び〟をし続けてきたことも意味があったと言う。もともと、児童を指導する＝アウトプットをする仕事をしていたため、常にインプットをする姿勢も身に付いていたのだ。

「ライフプランナーとなって以降も、学び続けることは変わりません。会社から提供される教材以外に、（営業パーソン向けの教本である）『販売心理学講座』など、本からさまざまなヒントを得ています。やはり、**自分一人で考えるのには限界があります。その道の専門家の知識やアイデアを仕事に活かしていく、という姿勢が必要です**」

木村の学ぶ姿勢は、新人時代から今に至るまで続いており、驚くほど多くのセミナーや塾に参加している。

「私の場合、勉強の柱は三本あります。まず、金融や財務などの専門分野。次に、経営・マーケティングなどの分野。そして歴史や異文化理解などの教養分野です。学ぶことで得られるものは単に知識だけではなく、さまざまな場で真剣に学ぶ同好の士に出会うことができたり、そこから生まれる素晴らしい人脈が広がるということもあるのです」

「学び続けるということは、自分自身を課題として捉え、『自分自身に〝取り組む〟』ということだと思います。何が自分にとって必要な学びなのかを検証し、それを続けることが大切なのだと考えています」

木村は学びの中で、専門知識の習得だけでなく、自分が頑張る理由、あきらめない理由、ビジョン、ミッションを深掘りし、再確認していった。頑張る理由、あきらめない理由をしっかりと反芻(はんすう)し、目標を明確にして、プラスアルファの努力をすることが、今の木村を形作っている。

そんな木村を根源的に支えているのは、今も心に強く残る、教員時代の教え子たちへの想いである。

「私が辞めるとき、子どもたちに申し訳ない気持ちで、一人ひとりに手紙を書きました。それに対して、多くの子どもたちや保護者の方々が手紙をくださいました。今も私の宝物です。手紙を読み返すたび、残してきた子どもたちのためにも、何としてもやり遂げなければ、と気持ちを新たにしています」

木村が実績を挙げてこられた理由——それは、「絶対に失敗できない」「後戻りはしない」という覚悟であり、教員を代表しているという思い、「教員出身者でも営業はできる」という強い決意だった。転職した当初の想い——「教員の世界を学校の外から見る」ことを実現させた木村は、現役教員の方々にも今後「教員という仕事にはこんな可能性もある」と伝えていきたいと語る。

指南

✓「できない」自分と闘い、自分を変える

✓まずは自分でとことん考える

✓一人で考えるのには限界がある。人から学ぶ、学ぶことで人脈が広がる

no. 12

自分が発した言葉で自分を律する

市浦 哲

品川第一支社

前職：大手情報機器メーカー

市浦哲は、高校時代から三十歳まで実業団でアメリカンフットボールの選手として、スポーツに明け暮れる毎日を過ごしていた。三十歳で選手を引退し、その後プルデンシャル生命に転職した。

「三十代になってこれまで以上に、真剣に仕事に対して向き合うようになりました。

仕事ではまだ十分な成功体験がなく、『自信がない』状態でしたので、仕事を通じてもっと自分自身の価値を知りたい、自分が直接お客さまの力になれる仕事、自分の価値が試される仕事をしたい、と考えたのです。それが転職のきっかけでした」

自分が変えられることに全力を尽くせ

三十代から実質的な営業パーソン人生のスタートを切ったという市浦が、それから今日まで着実に営業成績を挙げてこられた秘訣は何だったのだろうか。

市浦は次のように語る。「とにかく基本に忠実に、教えられたとおり、お客さまに会って商談するサイクルを繰り返したんです。当時の支社は、とにかく週三件のお申込みをお預かりするのが当たり前という環境でしたので、社内で表彰が受けられる目標はきちんとクリアしようと思いました。

ずっとスポーツを続けてきましたので、基本の大切さ、継続することの意味はよくわかっています。同じことを反復したり、ある程度負荷がかかることを継続していくことには問題なく耐えられるので、とにかくひたすら反復・継続していくことで実績が伴ってきたと思います」

その経歴から、後輩、とくにあまり営業経験がない中で転職したような人に、よくアドバイスを求められるそうだ。

「どうすればいいか方法論を考える前に、**まず、この仕事をしている意味や目的を今一度振り返ってみるように言いますね。『なぜこの仕事をしているのか？』『何を求めて転職したのか？』**——そして、『仕事を通して実現したかったことは何か？』『それを叶えるために何をしたらいいのか？』と具体的に考えていったらいいと思います。上司や会社がどうだとか、景気がどうだとか、自分ではどうにもならないことをあれこれ悩んでも仕方がない。それよりも、**自分に変えられること、コントロールできることは何なのかを考え、そこに焦点を絞って全力を尽くす**ことが大切です」

自分が発した言葉に自分が一番影響を受ける

市浦は、目標に向き合うときも「なぜその目標を達成する必要があるのか?」「何を達成したいのか?」という「なぜ」と「何」を問い直し続けることが大切だと言う。「目標を達成すると何が手に入るのか、なぜこの仕事をしているのか。ときには、この世に生を受けたからには、どう生きたいのか、といったところまで考えをめぐらせます」

さらに市浦は、その「なぜ」を常に心に刻んでおくことが肝心だと語る。

「思い続けることは難しいです。一つの方法としてある研修会で学んだのは、目標を達成する理由を百個書き出して、それを毎日見るということです。私自身も理由を百個書き出し、デスクの前に貼りました。後輩にも、単に書き出すだけでなく、毎日時間を決めてそれをじっと見るよう言っています。

また、週一回の勉強会では、お互いに目標を言葉にして言い合う、ということを続けています。自分が発した言葉に自分が一番影響を受けるんです」

大きな声で挨拶。平生の大切さ

市浦は「人が好き」、だから「営業が好き」だと言う。「電車に乗っているときなど、ある人を見て、その人のどこが好きになれるか、その人のいいところはどこなのか、想像して考えてみるんです。楽しいですよ。もちろんジロジロは見ないですけど（笑）」

ご契約いただいたあとに、市浦は必ずお客さまに感想を伺うようにしている。決めていただいた理由は何ですか？と聞くと「親身になってくれた」「きちんとわかりやすかった」「信頼できた」という答えが多いのだそうだ。「天職ですね」と言われることも多いとか。「人が好き」という市浦の気持ちがお客さまにも伝わるのだろう。

市浦を知る人たちは「周囲を明るく元気にする人」「面倒見がいい」「男気がある」と評する。

「結局、お客さまは営業パーソンを営業担当者という前に〝人〟として見ている」と語る市浦は、**誰よりも大きな声で、誰にでも挨拶をすることも心がけている。**挨拶することは当たり前かもしれないが、誰にでも大きな声で挨拶するということは、なかなかできることではない。

市浦が所属する支社は、大崎駅前の二十四階建ての大型ビルにある。そこで、大きな声で挨拶をする姿はひときわ目立っている。「少なくともエレベーターホールで一緒になる人、エレベーターで同乗する人には挨拶します。同じ空間にいるのに挨拶しない方が気持ち悪いですよね」

営業パーソンにとって大切なのは「平生」＝普段の姿勢、態度であり、それが仕事に表れると市浦は言う。「平生」は大きな声での挨拶、仲間に声をかけることなどから生まれるのであろう。

指南

✓「なぜこの仕事なのか」「なぜこの目標なのか」自分に問いかけ続ける

✓自分が変えられることに全力を尽くす

✓大きな声で挨拶。平生が大切

no. 13

人と比べない。スイッチを押すのは自分

甲斐貴子
福岡支社
前職：看護師

甲斐貴子は二〇〇四年入社。前職は看護師で営業未経験という異色のキャリアながら、プルデンシャル生命では女性として二人目のエグゼクティブ・ライフプランナーの認定を受けた。

「看護師という仕事は、非常に社会的意義のある仕事です。でも、患者さんが亡くな

るとそこでご縁が切れてしまうという悲しさもありました。人とつながっていられる仕事をしたかったのです」

そんな思いを抱いているとき、甲斐はプルデンシャル生命のライフプランナーと出会った。彼は、甲斐のために最適なプランを提案するだけでなく、その保険のさまざまな使い道まで教えてくれた。「生命保険は入院したときや亡くなったときにしか使えないと思っていたのに、これだけいろいろな形で役に立つなんて、まさに目からウロコでした。こんな仕事をしてみたい！と思ったのです」

自分の仕事の目的を信念を持って語れること

営業経験が全くなかったにもかかわらず、甲斐はライフプランナーになりたい一心でプルデンシャル生命の面接に臨み、高評価で合格した。

「未経験者なのに大丈夫だろうか」との思いで面接に臨んだ支社長は、甲斐に会って、心を動かされたと言う。

「自分が携わってきた仕事の意義や目的を第三者に明確に伝えられる点、自分の仕事に信念を持っていて、それを貫こうという使命感がひしひしと伝わってくる点が素晴らしかったですね。また、こちらの質問の意図を的確に理解して、きちんと回答できるところにも感心しました」

そんな甲斐の資質は、実際にその後の営業活動に大きく生かされた。甲斐は営業未経験ではあったが、営業に求められる資質をそれまでのキャリアで体得していたのだった。

ライフプランナーとなった甲斐は営業経験が全くなかったので、「とにかく名刺交換に始まり、教えていただくことは必死で身に付けるよう努力しました。何を目標とするかについては、会社からのノルマはないのですが、あえて先輩たちにならって、自分も『月に十二件の契約をお預かりしよう』と決めて、人に会い続けました」

月に十二件のご契約をお預かりすること、※MDRTの資格基準を達成すること、社内コンテストに入賞することを必死で目指し、徐々に実績を挙げていった。

「営業経験がなかったことで、断られるかもしれない、嫌がられるかもしれないというような先入観を持つことなく人に会うことができたのもよかったのだと思います。忙しい私を子どもたちも応援してくれました。お客さまが増えるにつれ、『信じてくださるお客さまのために、そして一人でも多くの未来のお客さまのために』と意識が変わっていきました」

たとえ落ち込んでも足を止めずに動き続ける

甲斐の転機は、六年目に訪れた。それまでずっと社内コンテストに入賞を果たしてきたが、ほんのわずかの差で入賞できなかったのだ。それも、自分ではどうにもならない他律要因のためだった。そのために、それまで張り詰めてやってきたものが一気にブッツリと切れてしまったのだ。

「一気にモチベーションが下がってしまいました。それまでずっと目標を達成し続けてきたことが張り合いになっていましたが、急に自信を失ってしまったのです。ふと

chapter 3 | no. 13

原動力

人と比べない。
スイッチを押すのは自分

周囲を見渡せば、同僚たちは皆ベテランの域に入って、それぞれに得意分野、得意マーケットを開拓している。なのに自分は何も成長していない。自分はダメだ……」と、自分自身を全否定するまで落ち込んだ。

「転職したとき三歳と五歳だった子どもも、すでに九歳と十一歳。子どもたちが親離れをしていったことも、目標を見失うきっかけになりました。

ある意味、燃え尽き症候群だったのかもしれません。目標に到達しない、自己嫌悪に陥る、ストレスが溜まる、楽しくない——の悪循環。そんな日々がしばらく続きました」

甲斐が悪循環を断ち切ることができたのは、同僚の一言がきっかけだった。

「同僚たちの頑張りに触発されました。私が社内コンテストの入賞を逃した年、同じ福岡支社の同僚が、入社七年目にして初めて入賞を果たしたんです。お互いに励ましあってきた彼女から『お客さまがいるでしょ。働かなきゃ。目標を追いかけるのも大変だけれども、仕事をしてないともっと大変になるよ』と言われました。それでふっと迷いから抜けられました。

そして、人と比べてはだめだと改めて思いました。『私は私』なんだと。私はもともと貧乏性なのか、足を止めずに常に動いているのが好きなんです。同僚や先輩の背中に励まされながら、**ひたすら動き回るなかで、本来の自分を取り戻すことができた**と思います。**スイッチオンする機会はいろいろありますが、スイッチを押せるかどうかは自分次第**なんです」

お客さまのお役に立ちたいという思いの強さは誰にも負けない

甲斐の、飾らず、気負わず、率直にあるがままの自分を見せて、誠実にお客さまに向き合う姿勢がお客さまから愛されている。

「格好をつけても仕方ない。あるがままの自分を見せる方がいいと思っています。自分をそのままさらけだしているから、かえって親しみを感じていただけているのかもしれません」

甲斐の営業スタイルは、本人の性格を反映して爽やかである。

「お客さまを追いかけ回したりはしません。『私はいいと思いますが』とお伝えするだけです。お客さまもくどくどと話を聞くのはイヤだと思いますから」

甲斐自身、「自分が営業パーソンだという意識はない」と言う。「お客さまにいいと思うことをお伝えしているだけです。辞めないで続けていることで、信頼していただけるようにもなったとも感じます。私もお客さまに支えられて、一人前にしていただきました」

甲斐を後押ししてきたもの——それは「一人でも多くの人に保険の素晴らしさを伝える」ことに尽きる。甲斐を見てきた営業所長は語る。

「お客さまのお役に立ちたいという思いの強さは誰にも負けないと思います。自分が加入した保険の設計書を持って歩いているんですよ。それだけ自分が自分の売っているものに納得して満足しているということなんですね」

※ＭＤＲＴ（Million Dollar Round Table）　生命保険と金融サービスの卓越した専門家による国際的な組織。

指南

✓ 自分の仕事の目的と信念を熱意を持って語る

✓ 人と比べない。スイッチを押すのは自分

✓ たとえ落ち込んでも足を止めずに動き続ける

no. 14

負けグセを断ち切る「活動」「言葉」「習慣」

熊倉敏明
新潟支社
前職：ハウスメーカー

熊倉敏明は、新卒で入社したハウスメーカーで、常に上位の営業成績を挙げていた。あるときプルデンシャル生命から声がかかり、結果がそのまま報酬につながるフルコミッションの制度や企業理念に共感し、一九九七年にプルデンシャル生命に転職した。

そして、入社後二ヶ月で社内コンテストに入賞した。「それが勘違いの始まりだった」と熊倉は言う。

「自分はやれる、と思ってしまったのです。お客さまに恵まれていたのと、トレーナーである営業所長のおかげなのに、自分の実力だと思い込んでしまったんです」

その後は、アポ取りの電話や新規訪問先のご紹介をいただくなどの、苦手なこと、やりたくないことを、「来週から」「来月から」と、先延ばしするようになった。

「早い時期に勘違いしてしまったので、営業の基本的な習慣も身に付かないままでした。そのため、その後も一時的に売上が上がっても、それに安心してしまって先につながらないという状態が続きました。結局、『苦手なこと、気が向かないことの先延ばし』→『妥協・言い訳』→『負けグセ』という負の連鎖に陥ってしまったのです。

すべては自分の責任なのに、『うまくいかないのはすべて環境や他人のせい』にしてしまって、完全にネガティブな考えに支配されてしまいました。精神的にも経済的にも『どん底』の状態でした」

熊倉は、何度もやり直そうと考えたがうまくいかず、「勇気も自信も失い、落ちるところまで落ちた。これからどうやっていこう……」と行き詰まったところで、ノートに自分の現状や思いを書き出していった。

・今の自分のありのままの状況とはどのようなものか。
・このままの状態が続くとどうなるか。
・どうなりたくないのか、どうしたいのか。
・どうしたら逃げずにやりきれるのか。

そして、書き出したことを何度も何度も読み返し、最後に「やってみよう」と〝覚悟〟を決めた。

「一刻も早く現状から脱したい。そして、もうこの状態には絶対に、絶対に戻りたくない。その思いが私の再スタートにつながりました」

「活動」「言葉」「習慣」が変わると自分も変わる

熊倉がまず取り組んだのは、**「活動」と「言葉」を変える**ことだった。

まず「活動」。「自分が決めたことを最後まで逃げずに必ずやりきる」と決め、活動計画を立てた。

一週目：テレアポだけに集中（ご加入いただいているお客さまへの翌週の訪問が目的）
二週目：訪問だけに集中
三週目：テレアポだけに集中（前週いただいたご紹介をもとに、翌週以降の新規のアポイントを設定）
四～六週目：新規の商談（各週七件）

次は「言葉」を変える。熊倉は徹底して前向きな言葉を発するよう努めた。

「当時、**『言葉には力がある』**ことを説いた本を読んだので、自分が発する言葉を変えようと決心しました。そして、日頃から徹底して前向きな言葉——たとえば『ついてる！』など——を使うようにしました。これを実行することで、『言葉を変えることで、考えが変わり、考えを変えたら行動が変わり、行動を変えたら習慣が変わり、習慣を変えたら人生が変わる』という正のスパイラルが働きはじめ、すべてが徐々に上向きに変わってきたように感じました」

「活動」「言葉」に次いで、熊倉が変えたのは**「習慣」**である。今まで何度もやろうと思いながら実行に移していなかったことにチャレンジした。

・毎日五時五十五分起床。七時に出社して一人で目標の確認と行動計画の確認（五時五十五分というのはゴーゴーゴーの意）
・禁煙
・毎日のウォーキング

・ダイエット
・歯列矯正など

「本当にどん底から這い上がれるのか、不安で辛い日々が続きました。でも、これが本当に最後だと思って、やり続けてみたところ、不思議と結果が出てきたんです。そして**『小さな成功体験』を積み重ねることで、『自分でもやればできる』という自信が生まれ、負けグセを克服することができた**のだと思います」

熊倉が、さらなる高みを目指すきっかけとしたのが、良き師を見つけること。社内外で尊敬を集めている札幌の先輩ライフプランナーが自主的に後輩を指導している「きっかけ塾」に毎月通っている。

「自分でいいと思っても、師匠に常にダメ出しをされる。『人として成長していない』と言われるので、常に自分に甘えずにいられます」

「頑張る理由」をたくさん挙げる。とくに「感情的な」目標が大事

同僚は熊倉のことを、「覚悟のほどが違います。ラスト・サムライのよう。懐（ふところ）に短刀を忍ばせているのではないかと思うほどですよ（笑）」と評する。

「覚悟」という言葉について、熊倉は次のように語る。

「結局、**『頑張る理由』が大事なんです。それが決意＝覚悟につながります。**『頑張る理由』がなければ、少しでも困難に直面すると、簡単にあきらめてしまいます。頑張る理由は、具体的でかつ自分の心の琴線に触れる感情的なものがいいでしょう。また、多ければ多いほどいいのです。頑張る理由なしに、いくら方法論を学んでも長続きしません」

熊倉が頑張る理由の筆頭に挙げるのは、やはり家族だ。

「自分が悩んでいた時期には、心配をかけたくなかったので、家族には何も言いませんでした。しかし、自分が努力し始めた頃、娘も息子もそれぞれに努力する姿を見せてくれたのです。それを見ていて、やはり負けられない、父親として恥ずかしい姿は

見せられないと思いました」

また、支社の仲間への思いもあるそうだ。

「私は一人で仕事をしているのではありません。支社の仲間に支えられているのに、自分は支社の同僚のために何もできていない。ですから、せめて社内で実施されるコンテストやキャンペーンではきちんと基準を達成し、先輩である自分がこだわっているところを見せて、後輩のモチベーションにつなげていければと思っています。

営業という仕事は、『頑張る理由』さえあれば、いつからでもリスタートできるんです。自分を信じて、お互いに頑張っていきましょう」

指南

- ✓「活動」「言葉」「習慣」を変えて自分を変える
- ✓「小さな成功体験」を積み重ねて自信につなげ
- ✓「負けグセ」を克服する
- ✓ 頑張る理由を挙げる。

それなしに、いくら方法論を学んでも長続きしない

no. 15

感謝の気持ちを復活の原動力に

三木英範
横浜第二支社
前職：外資系損保ブローカー

三木英範は、外資系船舶関連の会社から外資系損保ブローカーの営業を経て、ライフプランナーに転身した。転身を決めた理由の一つに、ＭＤＲＴ（一一九ページ参照）の存在があった。

「営業所長にお会いしたとき、名刺に、ＭＤＲＴのシンボルマークである盾が印刷されていたんです。ＭＤＲＴとは何か聞いたところ、会社や国を超えて世界中の生命保険に携わる優績者にのみ入会が許される組織であり、毎年アメリカで行われるＭＤＲＴのミーティングには、全世界から何千名もの会員が集まり、情報交換をするというではないですか。自分も絶対にその仲間入りをするんだ！と思ったことを覚えています」

お世話になった人たちを想い、燃え尽き症候群を克服

三木は入社後、念願のＭＤＲＴ入会を果たした。そして、ＭＤＲＴ内のボランティア組織に参加し、大会を運営していく立場にもなった。さらにその二年後には、日本人で初めて海外の本部のコミッティメンバーにも選ばれるという偉業を成し遂げたのだ。

ところが、皮肉にもその年、三木はＭＤＲＴ入会基準を満たす成績を残せなかったのである。

「順調に過ごしてきましたが、大きな挫折を味わうことになりました。一種の**『燃え尽き症候群』に陥っていたのかもしれません。**営業について理解した気になり、慢心していたのだと思います。これから先、どうしたらいいのかわからない日々が続きました」

精神的に追いつめられ、どん底状態だった三木は「いったい何のために復活したいのか？」を真剣に考えた。

「**自分がこれまでどれだけの人に助けられてきたのか、まずはノートにその人たちの名前を書き出してみました。**会社の先輩、同僚、他社の仲間、ＭＤＲＴのスタッフの皆さん、お客さま、そして家族……一人ひとりの顔を思い浮かべながら書き連ねていくと、優に百人を超える方々の名前が並んだんです。改めて自分がいかに多くの人々に支えられていたのかがわかりました。

すると、お世話になった人たちに、このままでは申し訳ない、なにか恩返しをせねば、という気持ちが芽生えてきました。自分が頑張っている姿を見せることが何よりの恩返しになると気付き、やっと自分がなぜそうまでして復活したいのか、という理由が明確になったんです」

ＭＤＲＴに復帰するためには、セールスにおいて結果を出さねばならない。何がなんでも復帰してみせると覚悟することができたと三木は言う。

「目標を立てることは簡単です。でも、何のためにやるのかがぼやけていると、達成することは難しい。目標は、心の底から達成したいと思えるものでなくてはならないのです。

そこで取り組んだのが生活習慣の改善でした。誰よりも早く出社することで、『自分に勝った』という小さな勝利を感じました。そんな小さな勝ちグセを積み重ねることが意外に効果がありました」

「一人作戦会議」と「ポイント制」で自己管理

セールスで結果を出し、絶対にＭＤＲＴ会員となる。そのために三木が実行したことが二つあった。それが「日曜朝の一人作戦会議」と「二十ポイント作戦」である。

「**『一人作戦会議』**とは、毎週日曜朝七時半から十時まで、①前週の実績と自分が設定した目標数字との差を確認する、②ご契約につながりそうなお客さまの名前をリストアップする、③今期の自分の目標との差を埋めるための方法を考える、④中・長期の方策を練ってそれを実現させるための方法と行動を考える――というものです。さらに毎月末の作戦会議では、**これまでの反省点を書き出し、それに対する行動の修正**をかけました」

もうひとつの「二十ポイント作戦」とは、各行動にポイントを設定し一日の最後には必ず二十ポイントを達成するという、自分で自分を評価するシステムで、行動管理をシステマティックに実施するものである。

三木の場合は、「単なる訪問」は二ポイント、「申込みにつながる商談」は三ポイント、「申込み」は四ポイント、「既契約者への電話」は一ポイント、苦手意識のある「商談アポイントの電話」は高めの三ポイントといった具合に設定した。この**ポイント管理を一ケ月も続けると「確実に結果につながる」**と三木は言う。

「理想的な一日だと思っても、二十ポイントぎりぎり。午後は書類作成に追われ、夜は飲み会が入っているような日なら、二十ポイントの半分がいいところです。点数を達成するには、そのための行動管理が必要になります。

やがて慣れてくると、翌日達成できるような『ポイント管理』を前夜のうちにやっておけるようになりました」

実は、これらは三木がオリジナルで編み出したのではなく、どちらもＭＤＲＴ会員のアイデアである。いいと思ったことは、素直に取り入れる姿勢、これもまたセールスにおいては大切なことなのだ。

自分に刺激を与えてくれる周囲の環境も大事だという。ランニングを趣味とし、フルマラソンにも挑戦する三木は、記録を伸ばすためのペースメーカーの存在を重要視している。

「自分の能力の半歩から一歩ほど前を走ってくれる、お手本のような人の存在が大切です。そんなペースメーカーのいる環境に身を置いて成長につなげています」

三木の尊敬するプルデンシャルの大先輩に、ソロモン・ヒックス氏というアメリカのトップセールスマンがいる。恵まれない環境で地道な努力を積み重ね、何度もトップに輝いた伝説の営業パーソンである。

「彼はアフリカ系アメリカ人で、われわれ日本人には想像できないほどの過酷な人種差別も経験してきました。ところが実際会ってみると、そういったことはみじんも感じさせません。いつも明るくて、まさに太陽のような人なんです。

来日したときに一緒にカフェに行ったのですが、相手がカフェの店員であっても、誰であっても、満面の笑顔で心から『サンキュー、サンキュー、サンキュー!!』と言うんです。相手によって態度を変えたりしません。

普段の態度や振る舞いというものは、つい出てしまうものです。日頃から心しておかなければと思います」

原動力

感謝の気持ちを
復活の原動力に

指南

✓「燃え尽き症候群」は、周囲への感謝を思い起こして克服

✓「日曜朝の一人作戦会議」で、自分の戦略や実績を見直す

✓やるべき項目を達成したら「ポイント加算」で、自己管理

chapter

4

自分らしさ

営業パーソンにとって

唯一無二の資源と武器は「自分自身」。

自分の強みを認め、

その効果を最大化してきた事例を紹介する。

no. 16

人を好きになる。「好きな人」のためになることを考える

中作良成
大阪第一支社
前職：ソフトウェア開発会社

中作良成の特長は、「人懐っこさ」と「人が好き」なところ。「いつも人と関わっていられる営業の仕事がしたい！」と、コンピュータのソフトウェア開発会社に新卒で営業職として入社した。

「いかに相手の懐に入るかが勝負だと思ったので、〝人懐っこさ〟全開でアプローチ

しました。シェアを大きく伸ばしたことで、三十歳で管理職になったのですが、それからは逆に管理職という立場に立ったことに悩みました。兄弟のように接してきた後輩たちを、部下として評価しなければなりません。『自分は管理職より、ずっとプレイヤーでいたい』という気持ちがどんどん募っていきました」

そんなとき、プルデンシャル生命からスカウトの電話があった。以前、同社のライフプランナーの営業に接し「スマートで説得力がある」と感銘を受けていた中作は、ライフプランナーへの転身を決意した。

「嫌いな人」はいない。人の「いいところ探し」をする

中作は、ライフプランナーに転身した当初から順風満帆だったわけではなかった。

「それまでは断られるとか拒否されるといった経験が、あまりなかったんです。ところが『生命保険の話を聞いてほしい』と言うと、当初はことごとく断られ続けました」

そんな中作が、ライフプランナーとして成功できた大きな理由はやはり「人懐っこさ」「人が好き」なことだった。

これには幼い頃から母親に教えられたことが影響している。

「母は『あなたが嫌いだと思った瞬間に、その相手は嫌いとまでは思わなくても、きっとあなたのことを好きになってはくれないよ』とよく言っていました。母のこの教えは、比較的多くの人から可愛がってもらえる今の自分のキャラクターの土台になっていると思います。**できるだけ嫌いな人を作らないことは、営業パーソンにとって必要な要素**だと思うんです。

一〇〇%悪い人なんていません。誰しもどこか必ずいいところがある。いつも〝いいところ探し〟をするように心がけています。

イヤだと思う人が周りにいるだけでイヤな気分になりますよね。イヤな気分で過ごすのは、大切な人生の時間の無駄遣い。自分らしくいられる世界を作るのは、自分の心がけ次第なんです。

仕事だけでなく生き方も同じです。仕事も人生も、『好きな人のために』という動機があった方がより楽しくなる。好きな人のために自分ができることは何か、どんなことをしたら相手は喜んでくれるのか、考え、悩み、行動することで自分自身が成長できるし、また、仕事のやりがいも増していくと思います」

さらに、どれだけ人の役に立てるかということも、営業パーソンにとって必要な要素だと中作は言う。

「自分のためだけに仕事をしている人って、人としての魅力はどうかな、と思うんです。やはり、人の役に立ってこそ、信頼も尊敬もされるのではないでしょうか。

ですから私も、損得抜きで『好きな人のために』をいつも考えて行動するようにしています」

「見られている」意識が目標達成には必要

中作は駆け出しの頃、保険の提案をした前職時代の同僚数人から断られたが、その後思わぬ展開があった。

「数年経った頃、いったんは断られた前職の同僚から『保険を見てほしい』と連絡が来たんです。どうやら、私が頑張っているという評判を聞きつけて、これだったら任せられると思ってくれたようなんですね。ライフプランナーとして認めてもらえたような気がして、すごく嬉しかったです。あらためて、**頑張っていれば周りがきちんと評価してくれる**んだと思いました。

人は見ていないようで、実は自分が思っている以上に見ているものです。見られていると意識することは、ある程度必要だなと実感しています」

このことは、目標を達成する上でも有効だと中作は言う。

「はじめに、自分の立てた目標を『心底達成したい！』と、自分自身に腹落ちさせることが大切です。つまり、自分がどうなりたいのか、というゴールを明確にすることです。心の底からやり遂げたい目標であれば、おのずと達成に向けての行動につながっていくはずなんです。

そして、自分の中で腹落ちした目標を、同僚や上司の前で発表することです。一度言った手前、『やっぱりできませんでした』と言うのは格好悪いですから、自分が口

自分らしさ

人を好きになる。「好きな人」のためになることを考える

にした目標への気構えが変わってきます。お客さまも仲間も、見ていないようで見ています。見られていると思えば、つい甘くなりがちな自分を律することもできます。見られていることを意識することは、目標達成の近道かもしれませんよ」

結果を出せている営業パーソンと、結果を出せていない営業パーソンの違いは何だろうか。結果を出せていない人がよく口にするセリフがある、と中作は指摘する。

「それは『売れないのは商品が悪いから』。でも、それは大きな間違いです。もちろん、商品内容だけで決める人も中にはいるでしょう。でも私は、最後の決め手は営業パーソンだと思っています。この人になら任せられる、信頼できる、で決まるのではないでしょうか。商品が悪い、環境が悪いと愚痴(ぐち)をこぼす前に、お客さまからいかに信頼してもらうかに必死になるべきです」

お客さまから信頼されるために、中作は自分をさらけ出すことから始めるそうだ。

「自己紹介はもちろん、家族のことや趣味のことなど、内容はなんでもいいんですが、そのなかから共通の話題が見つかれば一気に距離を縮めることができます。

私が人懐っこいと言われるのは、この〝自分をさらけ出す〟ことが得意だからかも

しれません。そこに仕事だから、プライベートだからといった境界線は引きません。私と関わった人すべてに、私と出会ってよかったと心から思っていただきたいですし、そのためにも自分をもっと知ってほしいと思うんです。

あまり自分のことを語らないのに、人のことばかり尋ねてくる営業パーソンに対して、果たしてお客さまは信頼を寄せてくださるでしょうか。

私はいつも、『中作から入りたい』『中作になら任せられる』とお客さまに思っていただいて、ご契約をお預かりしたい。そのためにも、人として魅力的であり続け、お客さまから信頼され続ける営業マンでありたいと思っています」

指南

✓ 人を好きになって、好きな人を喜ばせる努力をする

✓ 周囲は頑張る姿を見て評価してくれる。周囲の目を意識する

✓ 自分をさらけ出すことで「任せられる」と信頼していただける

no. 17

「わきまえ力」で自分を最大限に活かす

秋葉瑞樹
千代田第一支社
(現・青山第一支社)
前職：都市銀行

秋葉瑞樹は、都市銀行を経て二〇〇二年にプルデンシャル生命に入社した。着実に実績を重ねてきたが、「今までの私の人生は、十人中で一位になれることがあっても、百人中では一位になれない。そのレベルなんですよね」と苦笑いする。野球でいえば二番セカンド。周りを生かす仕事人タイプだとも。

「私のお客さまには素晴らしい経営者の方が多いです。また、同僚には特大ホームランを打つような強打者タイプや、イチロー選手のようなリードオフマン的な人材が豊富です。

そんな中で、黒子的な仕事、それが自分の立ち位置と思うようになりました。すごい人たちがいるなかで、時にバントをしてつないだり、いぶし銀的な守備で支えるほうが自分には向いているんです」

秋葉のことをよく知る同僚は、そんな秋葉の『わきまえ力』を評価している。

「社内であれ社外であれ、徹底的に周りの人の顔を立てる。場を俯瞰(ふかん)してどこで誰が出るべきなのかを考え、そのためのお膳立てに尽力するのです。本人は一見目立たないのですが、これは恐るべき能力ですよ」

飛び込みでも受け入れられる人間性を目指して

転職したばかりの秋葉には、イメージ通りの営業成績を出せず、精神的に苦しい日々が待ち受けていた。

「以前の自分は銀行の看板で仕事をしていたのだと痛感しました。お客さまに会ってもらえていたのは銀行の名前があったからで、今や自分は個人で勝負しなければならないのだと身にしみました」

社内の営業コンテストで入賞を続けてはいたものの、本人曰く「ジリ貧。このままでは続けられないだろうと思っていました」

そんな秋葉に転機をもたらしたのは、今までの手法に加え、新たに取り入れた飛び込み営業だった。

飛び込み営業はもちろん、効率のよい営業ではない。秋葉は、同僚と三年間会計事務所への飛び込み営業を続け、そこで出会ったお客さまに熱意を持ってアプローチすることで、新たな販路を広げることができたのだ。

「飛び込み営業から直接的な成果を出せたものは少ないのですが、飛び込みを続ける中で、チャレンジすること、継続することがいかに大切か、出会えたお客さまを惹きつける熱意や知識はどうあるべきかが見えてきました。また、たった一瞬の一期一会でのファーストインプレッションに磨きをかけること、これを学べたのが大きかったです」

パートナーとなっていただいた、ある会計事務所の先生に後に言われたそうだ。「営業に来る人はたくさんいるけど、君は身なり、態度、雰囲気など、ほかの営業とは違っていた。信頼できそうだなと感じたんだよ」

秋葉の、控えめであっても信頼感がある、場をわきまえたスタンスが先生方に受け入れられるきっかけになったのであろう。

飛び込み営業で活路を開いた秋葉だったが、現在ではもはや「飛び込み」は自分のセールスにおいて重要な要素ではなくなったと言う。

「会計士の方々は仕事をする上でパートナーとなっていただく専門家という位置づけです。『飛び込み』では対等なパートナーシップを築くのに時間がかかるのです」

対等な関係を築く前提として「専門性の高い付加価値のある仕事」「価値観を販売する仕事」と認識されなくてはならないと秋葉は語る。

「出会いがうまくいけば、次に相手は〝人〟を見るのではないでしょうか。人間として素晴らしい、人として付き合っていきたいと思われれば、最終的に選ばれ、信頼されると思うんです」

人生を八つの要素に分けて客観視する

人間性を磨く――非常に難しいテーマだが、秋葉は自己改革を図る目的で尊敬する先輩が開講している「きっかけ塾」に参加するため、なんと毎月必ず札幌に赴いている。

「先輩から学んだことはいろいろありますが、一つは自分の強みを把握して発揮するということです。**自分の強みを五つのキーワードで表現し、それを意識するようにしています。**

自分の場合、五つのキーワードは『最上志向』『調和性』『個別化（個々の良いところを見つけてフォーカスする）』『運命志向（良い出来事も悪い出来事も自分でコントロールできないことは受け入れる)』『ポジティブ』だと思っています。おぼろげだった自分の強みをキーワード化することで、より磨きをかけることができました」

もう一つは、「能力に差はない、差があるのは習慣の違いだ」という教えである。それは**人生を八つの要素に分けて、自分にとって何が大切なのかを考える習慣を身に付ける**ことだそうだ。

「八つの要素とは、①健康、②仕事、③経済、④家庭、⑤社会貢献、⑥人格、⑦学習、⑧遊び、です。

各要素についてそれぞれ短期的、長期的な目標を書き出し、定期的にセルフチェックをします。すると、自分の習慣でも見直すべき点が見えてきます。たとえば『仕事』なら、『翌日のお客さまとの面談に影響が出るなと感じたら、食事会の二次会は遠慮する』など、日常の小さな決断をするときの指針が得られます。『健康』『家庭』『遊び』など他の要素でも同様で、バランスよく自己目標を管理できるのです」

「二番セカンド」を自称する秋葉だが、次につなげるのか、仲間のために犠牲となるのか、その判断には場を俯瞰し、自身が必要とされる能力・役割を「わきまえる力」

が必要となる。わきまえることで、自分を過大評価せず、目標に向けて常に自分に足りないものが見えてくるそうだ。

秋葉は、自分の手帳に次のような言葉を書き記している。

「時間を管理すること」「(人を喜ばせる) 貢献を重視すること」「自らの強みを知り生かす」「最も重要なことに集中すること」「成果の上がる意思決定をすること」「思考習慣↓行動習慣↓日々何を考えるか↓どう行動するか」

これらのキーワードを通じて客観的に自己評価をしているからこそ、傍から見れば十分に高いレベルの成績を収めているにもかかわらず、**常に自分自身への「物足りなさ」と危機感を感じ、自己改革を目指している**のであろう。

指南

✓ 自分の強みを五つのキーワードで表し、
それを生かす

✓ 人生に大切な要素を八つ書き出し、
実現できているか自己チェックを行う

✓ 自分自身の物足りなさに常に危機感を感じ、
自己改革を目指す

no.18

ニッチな分野だからこそトップを目指せる

横内宏史
横浜第二支社
前職：大手製薬会社

「人のために役立つ仕事がしたい」と大手製薬会社に就職した横内宏史は、ＭＲ（医薬情報担当者）として高い実績を挙げていたが、新たなチャレンジを目指して二〇〇四年、ライフプランナーへの転身を果たした。

横内は、ある医師から、「治療をしても残念ながら亡くなってしまう患者さんもいる。もちろんできる限りご家族のフォローはするが、僕たちにできるのはそこまで。その後は横内君の仕事だね」と言われたことが、自分の仕事のやりがいの原点となり、深く心に残っていると語る。

苦労や失敗の部分を聞かず成功談だけ聞いていてもダメ

横内はプルデンシャル生命に入社してから二年間、順調に営業成績を伸ばしていたがその後、壁にぶつかったという。

「入社して最初の頃はとにかく無我夢中に活動することで、ある程度の結果も出ていました。しかし、三年目くらいから、いろいろな先輩の成功事例を聞いては新しいことを試してみるようにしたのですが、実際にやってみるとことごとく失敗に終わり、営業成績も急落してしまったのです。

そこで、冷静に自分の行動を振り返ってみたところ、**苦労や失敗の部分を聞かずに、成功体験だけを聞いて、実行しようとしていた**ことに気付いたんです。上辺だけをつまんでいたんですね」

自分の行動を変えようと決意した横内は、この仕事を十年、二十年と長く続けていくにはどうすればよいか考えるようになった。

「いたずらに新しい分野を開拓するより、一つの分野を深く掘り下げていくべきだという考え方にたどり着きました。先輩方からも、『若いうちに狭くてもしっかりとした土台を築きなさい』と言われ、医療業界の中でも〝若手の勤務医〟に絞ってアプローチするスタイルに変えていったんです」

その結果、「ニッチな分野でトップを目指すことで大きな強みが生まれる」と、横内は気付く。

「若手の勤務医の方々の生活や将来設計、支出バランスなどは、先生ご自身よりもよく理解することを目指しました。ライフスタイルや職業観が似ている方々の話をたくさん聞くことにより、自分の中で、先生方の人生設計やお悩みの事例の経験値が積み上がるので、より的確なアドバイスを差し上げることができるようになります。すると、また相談していただけるという、いい循環を築くことができました。それが対象とする分野を絞り、そこで深い信頼関係を築く強みだと感じています」

目的を達成するための効率的な時間の使い方を考える

得意分野を絞り込んだ横内は次に、「人生で何をしたいのか」「仕事で何を実現したいのか」を、自分自身に問いかけた。

「結局、時間を『どう』使うのかでなく、『何のために』使うかなんですね。大切なのは『人生の目的』であって、時間とはあくまでそれを実現するためのものなんです。

そこで、自分にとって『人生の目的』とは何か、じっくりと考えてみたところ、『医療業界を志望したときから人の役に立ちたいと思ってきたこと』。さらには『家族と幸せな人生を送ること』であると思い至ったんです。ずっと心の奥底にはあったと思うんですが、忙しさや目先のことに追われて見失っていたんですね」

さらに、「何のために仕事をするのか？」と横内は自問した。

「僕の場合、仕事をするのは『社会に貢献するため』という結論に至りました。具体的に言うと、『前の世代から受けた恩恵をより良い環境、心という形で残し、次の世代の子どもたちに伝えていくため』ということです。

これを自分の仕事を通じて実現するということは、たとえば『一家の大黒柱に万が一のことがあったときに、生命保険によってその子どもたちの将来を守る』ということになります。この仕事で結果を出し続けることで、社会に貢献するという仕事の目的を達成しながら、自分の家族を幸せにすることにもつながっていくんです」

人生の目的がはっきりすれば、後はそれを実現するためにどう時間を使うかである。

「時間は限られていますから、何かをするためには、何かを削らなければならないですよね。自分の行動をじっくりと見つめれば、実は結構ムダがあることがわかります。

それまでもやっていたことですが、仕事の能率を上げるために、事前準備をさらにきっちりとするようになりました。高い視点に立って考えるならば、**時間管理とは、まず人生の大目的をはっきりさせたあとで、それを実現するために、どのように時間を効率的に使うことができるか考えることなのです**」

営業とは、突き詰めていけば自分との闘い。やらなければならないとわかっていても、なかなかできない。横内はそれを克服するよい方法を見つけた。

「セールスの仕事って、自分を律していかないとなかなか結果が出ないですよね。汗をかき続けなければいけない。でも、人間は弱いから自律といっても難しい。そこで、自律できない仲間（笑）が集まって工夫しようということになったんです。

毎週月曜の朝七時に集まり、一時間かけて『今週やること』と『先週やったこと』だけを発表することにしました。そして、その内容についてお互いに質問やアドバイスをします。ただし、スキル、テクニック、トーク、実践ノウハウなどについては一切触れません。あくまで『言ったことをやっているか』だけを話し合うんです」

この会で鉄則にしていることは、自分のことは棚に上げて相手にアドバイスすることと、数字には触れず実際の活動内容にだけフォーカスするということだ。

「会うつもりだった人に会えなかったという報告に対し、『こんなふうにすれば会えたんじゃない？』などとアドバイスします。真剣にその状況をイメージしますから、ケーススタディにもなるんです。『今言ってることって、自分だってできていない（汗）』と思いながら、あえてアドバイスするんです。

営業の研修や勉強会って、参加者が何かを得るためのものですよね。お互いに何かを与えあおうとする集まりはあまりないのではないでしょうか。

こういう企業風土があるからこそ、現状に満足せず、高い目標を掲げ続けることができるのです」と横内は語る。

指南

- ✔ 先輩の成功談の表面だけを聞いていてはダメ
- ✔ 自分の得意分野を深く掘り下げる
- ✔ 時間を「何のために」使うか明らかにし、「どのように」使うか効率性を追求

no. 19

「オアズマン」精神が厚い信頼を生む

石川博嗣
横浜西支社
前職：人材・情報サービス会社

石川博嗣は慶應義塾大学経済学部出身で、大学時代はボート部に所属していた。大学卒業後、人材・情報サービス会社に入社、営業を担当し、その後プルデンシャル生命に入社した。

石川は今でこそ高成績を誇る営業パーソンだが、社会人になってはじめて「営業」

を経験し、環境の変化に戸惑うあまり十二指腸潰瘍になったそうである。「売上のため、利益のために、仲間同士が競り合うということを受け入れられなかったんです」

石川が戸惑いを克服するにはしばらくかかった。「結婚して、子どももできたところで、きちんと結果を残そう、自分の成長を目指そうと、新規事業部への異動を機に心機一転頑張りました」

新規事業部では年間MVPを獲得することができたが、石川は今も「自分がよい成績を挙げることも大切ですが、支社、営業所全体の業績や後輩の成長に貢献することの方が、高い満足感を得られます」と語る。

「大学時代、ボート部で教わった『一艇ありて一人なし』というオアズマン（ボートの漕ぎ手）精神の影響が大きいと思います」

圧倒的な仕事量で実績を挙げることが自信につながる

前職時代、石川が異動した新規事業部では、「テレアポ禁止。足でアポイントを取れ」が方針だった。

石川は担当となった川崎市川崎区を自転車で回り、住宅地図を塗りつぶしながら来る日も来る日も飛び込み営業を続けた。「一週間で、名刺百枚×四箱がきれいになくなりました」

この努力を通じ、**圧倒的な仕事量を通じて実績を挙げることの大切さ**を学んだと語る。

「数字面で実績を作れただけではありません。ガシャンと目の前でドアを閉められる前に、どんな笑顔を見せれば受付を突破できるのか。訪問先でいきなり社長が現れたときには、どう対応したらいいのか――。さまざまな経験をすることで、営業としての基礎体力が養われたと思います」

生命保険のセールスは他の営業の仕事と同様、新規開拓とともに既存のお客さまから追加契約をお預かりすることでも成り立っている。しかし、石川は新規開拓に取り組み続け、毎年の契約数は、新規のお客さまの割合が実に七十五％以上を占めている。「常にチャレンジを続ける」のも石川のポリシーなのである。

頼まれごとは断らない「後輩力」で信頼を築く

石川の先輩は、石川のもう一つのパワーの源を「後輩力」と評する。

「彼は比較的裕福な知人友人が多いので、とかく強力な人脈があると見られがちですが、それだけで営業につながるほど簡単な仕事ではありません。彼の良さは、バックグラウンドや素晴らしい人脈を絶対ひけらかさず、前に出すぎないところ。とても素直で、頼まれたらとことん付き合うし、裏切らない。マナーもしっかりしていて、とにかく先輩から可愛がられる。素晴らしい**『後輩力』＝先輩に可愛がられる力**、があると思いますね」

石川は**「頼まれごとは断らず、仲間を優先するのは当然」**と考え、ＭＤＲＴプルデンシャル会、日本会の理事職を十年にわたり続けてきた。

ＭＤＲＴ（一一九ページ参照）は、会員の自主組織であり、事務局業務や研修の企画運営などを行う。理事業務は全くの手弁当である。フルコミッションの営業パーソンが、仲間のために多くの時間を割きながら、抜きんでた業績を挙げるのは並大抵のことではない。

また、石川はＭＤＲＴのほか、先輩に請われて、ＪＡＩＦＡ（公益社団法人生命保険ファイナンシャルアドバイザー協会、生命保険各社の営業職員で組織）プルデンシャル会の神奈川ブロックの立ち上げも行った。

「運営するなかで、仲間同士本気で相互研鑽し、素晴らしい仲間と問題解決のための時間を共有することがとても勉強になるんです」

ボート部で培った精神と根性、そして仲間のために惜しみなく献身する姿が、回り回って、周囲からの厚い信頼につながっているのであろう。

ときにはお客さまの背中を押す勇気と覚悟が必要

石川は、二〇一四年度と二〇一六年度、ＭＤＲＴの※「Top of the Table」に認定され、二〇一五年十月にアメリカ・フロリダで開催された「Top of the Table」年次総会に参加し、各国の代表が「私のセールスピント」と題して一分スピーチをするメインプラットホームで、日本人として初めてスピーチをすることになった。

「英語は話せませんよ（笑）。でも、名誉なことですし、通訳を入れたら持ち時間が半分になってしまうので、すべて英語でスピーチすることにしました」

My target market is business owners.
Most business owners in Japan keep their assets in real estate and in his own business.
You have to encourage them to liquidate some of them to find the money to buy enough insurance.
You also need to have the courage to ask questions to understand the true feelings they have about each member of the family.
Perhaps he does not like the daughter-in-law of the elder son.
Knowing the relationships make all the differences.

Japan has a culture of soft expression.
But, I choose to give bad news up front.
I would say "If you were not around, your company may be gone in less than 10 years, unless you do something about it.
Let's review the priority."

（私は主に経営者をターゲットにしています。

日本の経営者の資産のほとんどは不動産と自社株です。

そうした資産を流動化させるだけの説得力がなければ、必要な保険に加入する資金を確保できません。

さらに、ご家族についての本当の気持ちを理解できるように突っ込んだ質問をする勇気も求められます。

たとえば、長男の嫁をあまり好きではないかもしれません。

そうした関係を明確にすることで、大きな違いが生まれます。

日本には物事をはっきり言わない文化があります。
しかし、私は悪いことも先にはっきり言います。
たとえば、「ご自身がいなければ、会社は十年持たないかもしれませんよ。何の準備もしていないと。
優先順位を見直しましょう」）

「スピーチの中盤、『長男の嫁をあまり好きではないかもしれない』というくだりで、会場に笑いが起きたのを聞いて、『やった、こういう話は海外でも受けるんだ』と思いましたね」

このスピーチにもあるように、石川は相続や事業承継の案件を多く手がけている。

「ご提案にあたっては、**お客さまの本当の気持ちを伺う力が必要です。そして、最後にはお客さまの背中を押して決断を促すことが決め手になるんです。**皆さん、知識はあっても、決めかねている場合もある。そんなときにはハッキリと言って差し上げる必要がある。そうすると人は動くんです。私の方も背中を押す勇気と覚悟が必要ですけどね」

※Top of the Table　MDRTの資格基準の六倍を達成した者が認定される。

指南

- ✓ 素直に頼まれごとを引き受ける「後輩力」が信頼を集める
- ✓ 圧倒的な仕事をしたという実績が自信につながる
- ✓ ときにはお客さまにずばりと本音をうかがい、決断を促すことも必要

no. 20

自分の得意分野を究め〝専門店〟を目指す

對馬英樹
東京第二支社
前職：大手都市銀行

高校・大学とアメリカンフットボールに熱中した對馬英樹（つしまひでき）は、大学卒業後、大手都市銀行に入行。六年目に個人部門の営業担当になった。

「銀行の窓口販売で保険を売り始めたのですが、まだ未開拓の分野で勝手がよくわかりませんでした」

そんなとき、プルデンシャル生命から声がかかった。

「保険販売のノウハウや情報をいただくつもりで話を聞きに行きました。そこで、プルデンシャル生命ではお客さまへの最初のアプローチから、保険金の支払いに至るまでトータルに担当できることを知り、魅力を感じたんです。銀行では転勤などで担当が短期間で代わってしまうこともありますから、基本的に担当者が代わらないことはお客さまにとってもいいことだと思いました」

そして、對馬はライフプランナーへの転身を果たした。

転職後の對馬がこうありたいと常にイメージしてきたのは、「『頼られる自分』ですね。自分が役に立ち、必要とされるということ。それが自分にとってストレスのない世界です。そこに到達したい、と思ってやってきました」

日経新聞を読むコツは「とにかく読み続けること」

現在の對馬は、保険税務や企業の福利厚生制度に関しては、社内でも指折りの専門家である。しかし、そんな對馬にも「話されている言葉が全くわからない」という時代があった。

「新卒で銀行に入行してまもなく、住宅ローンの担当となったのですが、とにかく何を話しているのかわからない。暇さえあれば銀行のマニュアルをずっと読んでいました」

さらに、對馬は、同僚と一緒に日本経済新聞を読むことを日課にしていた。この習慣は、プルデンシャル生命に入ってからも続けていた。

日経新聞を読むのは苦手という営業パーソンに対して、對馬は次のようにアドバイスする。

「**一面や大きな見出し、気になるところを、理解できなくてもまずは読み続けること**ですね。そうするとだんだんと流れがわかってきます。それから、自分の仕事と関連づけることです。

さらに、応用編の読み方としては、『何が根拠でこうなったのか』『どうしてそういう施策が打ち出されたのか』『今後どうなるのか』と、記事の背後にある意図をつかみ、次の展開を予測することです。たとえば、税制関連でいえば国がそれを作る理由は何か、といったことですね」

對馬は一時期「税制改正大綱」のコピーを持ち歩いていたという。

「これによって、今後の税制の動きをいち早くキャッチし、国が税制についてどう考えているかを把握できる」からだ。

また、保険業務の本も常に持ち歩いて、空き時間を見つけては読んでいたと語る。

「企業経営者にアドバイスができるようになり、**自分がいなければダメだといわれるような存在になりたいと思い、勉強のための時間を捻出していました**。自分が社長の代わりに勉強をしている、というつもりでやっています」

最近では、他社の研修の講師に招かれることも多い。

「自分の会社の概要や、自社の商品知識、強み・弱みを理解することも必要ですが、その前にまず『自社の企業理念をしっかりと語れますか』という問いかけから始めています」

フィールド全体を見据えて最適な戦略を選ぶ

對馬は「専門店化することが強みになる」と言う。

「病院のドクターには、得意分野がありますよね。得意分野で多くの症例を経験している人は強いんです。セレクトショップもそうです。独自の価値観や立ち位置が強みになり、一度顧客になると浮気されません。訪ねてきたお客さまから『担当の○○さん、いる?』と声がかかるようになり、お目当ての品だけでなく、追加で買っていただける頻度も高まるんです。

私たちの仕事も、持っている知識をお客さまに買っていただいている面がありますので、それなりの知識を身に付けることは当然必要となります」

その一方、高度な知識だけでなく、営業としての基本も大事にしたいと語る。

「想像する力が必要ですね。**お客さまと話しているときに、常に、横にライバルがいて、比べられていると考えることです。**ライバルには全部勝たなくてもいい。一点でも勝てばいいんです。そのためには、レスポンスが悪い、経過報告をしない、といった基本ができていないのは論外です」

對馬はまた、「お客さまと自分との距離感をしっかりと把握していることも大切」と言う。

「あるとき、保険の提案をしていたお客さまが還暦を迎えられることを知り、お祝いにお花を贈りました。すると、お客さまから『君と僕の関係って、お互いまだ何も始まっていないよね？　お祝いされる筋合いじゃないと思う』と、苦言をいただいたことがありました。

こうした苦言をくださったことを、今も非常にありがたく思っています。会社でも先輩と呼ばれる立場になると、なかなか行動をチェックしてくれる人はいないですから」

對馬は勉強会で、後輩たちからよくアドバイスを求められる。對馬ならではのテクニカルな助言だけでなく、営業パーソンとしての基本的なスタンスについての指導も多いという。

たとえば、「お客さまが忙しいと言ってなかなか会ってくださらないんです」という後輩には、「会っていただけないのは本当に忙しいからなの？」と問いかける。「お客さまは、また商品の勧誘に来ると身構えるから、『忙しい』と言って断っている。そういう場合、担当者として人間を売り込めていないことが多い。まずはお客さまがどんな課題を抱えているか、気付いていただけるようにいろいろな角度からお話をしてみる。十〜十五分で相手の社長にハッと思わせる話ができるようになることです」

こうして、忙しい合間にも積極的に後輩指導に当たることは、自身にも大きな意味があるそうだ。

「人に教えることが実は一番勉強になると思っています。教えようとしていることを言葉にできないと、結局、自分もお客さまの前で話せないからです。語るべきことを体系的に整理できていれば、後輩たちにも教えられるし、『このレベルで話さないと伝わらないんだな』と、相手の立場に立って話すことの大切さも学べます」

課題解決につながる質問をお客さまに投げかける力は、對馬がアメリカンフットボールでフィールド全体を見据えて最適な戦略を選ぶクォーターバックだった頃から培われているのだろう。これが對馬を内外で「頼られる存在」にしているのである。

指南

- マニュアルも専門書も日経新聞もまずは読み続け自分の仕事に関連付ける
- 勉強しようと決めてかからないと、勉強する時間は取れない
- ライバルが隣にいて、常に比べられているとイメージする

chapter

5

自己変革

営業とは、

限りない「自己変革」の道のり。

妥協せず自分を磨き、

成長を目指してきた道のりを紹介する。

no. 21

人の力を借りられる自分になる

石渡英敬
首都圏第十支社
前職：大手広告代理店

石渡英敬（いしわたひでたか）は、東京大学教養学部卒、前職は大手広告代理店という経歴の持ち主だ。プルデンシャル生命において、東大出身のライフプランナーは何人もいるが、ライフプランナーの最高位である「エグゼクティブ・ライフプランナー」に認定されたのは石渡が初めてである。

石渡の入社のきっかけは、前職の広告代理店で大きな試練に見舞われたことだった。

「何百億という予算規模の大手クライアントを担当しました。営業の中でも特に広告効果にデータで『根拠』を与える仕事だったのですが、社内外から期待されるアウトプットを出せないことで挫折感を感じ、自分自身を追い詰めてしまったんです」

その頃ちょうどプルデンシャル生命から声がかかり、「支社長が力強く『生命保険事業は人類愛・家族愛なんです』と説く、その『愛』というキーワードに心揺さぶられ、素直で一生懸命な本来の自分を取り戻したい、と思って転職を決意しました」

自分の無知を知る

そんな石渡も、最初は立て続けに断られることになった。石渡はとにかく素直に先輩たちに何でも尋ねていった。

「断られたときに、二つの受け止め方があることを学びました。一つは、提案を受け入れてくれない相手が悪い、と考えてしまうこと。前職時代の私がそうでした。でも、相手のせいにしても現実は変わりません。もう一つは**『自分の無知を知る』という受け止め方です。相手が悪いのではなく、自分が至らなかった、自分の対応がまずかったからだと受け止める**ということです。

先輩たちの話を聞けば聞くほど、結果を出すために自分にはまだやれること、工夫できることがあると、考えられるようになりました」。そうして最初のハードルを克服していったのだった。

今の仕事を自分にどれだけ腹落ちさせることができるか？

石渡は、社内の研修で講演する際に、「セールス成功への五つのステップ」と題し、後輩に向けて次のような話をしている。

「セールスには次の五つのステップがあるといわれます。

①自分○売る（○にはひらがな一文字が入ります）
②自分を売る
③ニーズ・ウォンツを売る
④商品・サービスを売る
⑤感動を売る、口コミやリピートを売る

営業パーソンなら、まず③ニーズ・ウォンツ、④商品・サービスを売るのは理解できますよね。そして、そのために②『自分を売れ！』ともよくいわれます。

この場合の『自分』をもう少し分解して理解することが大切です。

ⓐ会社、ⓑ職業、ⓒ商品、ⓓ自分、と四つの要素があるはずです。

まず、ⓐ会社。会社の姿勢、サービスへの真摯（しんし）な取り組みなどですね。

次に、ⓑ職業。自分の仕事の意義、自分が感じている使命感などを自分の言葉で語ります。営業という仕事は単なる『売り子』ではなく、お客さま自身も気付いていない潜在的な願望や課題を明確にするお手伝いができる立場です。

そして、ⓒ商品。ここでいう商品とは、商品やサービスの具体的な内容ではなく、商品全般に対する会社のこだわりなどのことです。商品開発のバックボーンとしての会社の歴史、哲学をお伝えするということです。

最後に、ⓓ自分。これは自分自身のことですから、自分で考えましょう（笑）」

さて石渡は、②から⑤へステップを踏んでいくためには、ステップ①『自分○売る』が最も重要だと言う。○には何が入るのであろうか。

「正解は、『自分【に】売る』です。**営業という仕事をすること、今この会社にいて、この会社の商品をお勧めすることが、自分自身でどれだけ〝腹落ち〟しているかが大事**なんです。『今の仕事を通じて自分はどうなりたいのか』『なぜこの仕事なのか？ほかの仕事ではダメなのか』『この商品で、お客さまはどんな価値を得られるのか』『自分は担当者としてふさわしいか』など、常に自問自答を続けることが大切です」

「あきらめる＝明らかにする」ことがとても大切

さて、石渡の実績の推移を見てみると、最初の数年間は社内コンテストにギリギリ入賞、その後は入賞を逃すこともあったが、そこから大きく営業成績を伸ばして今に至っている。飛躍できた理由は何だったのだろうか。

「自分の力だけでは達成が難しいこと、大きなことができたとき、それがなぜできたのかを振り返ると、うまく『人の力を借りること』ができたときなんです。ではどうすれば人の力を借りることができるか、というと、**『人の力を借りられる自分になること』が大事**だと思います。まずは身近な人との関係を大切にして、そして身近な人から信頼されることで、その人から力を借りられるようになり、そして徐々に影響力の大きい方のお力を借りられるようになるのではないでしょうか」

石渡は「家族が一番、仲間が二番、仕事は三番」と言う。

「いきなりお客さまの力を借りようとしてうまくいかない、のであれば、まずは家族、そして仲間の力を借りられる自分になることが、結局はお客さまのお力を借りられるようになる道、手順ではないでしょうか。身近な家族や仲間を大切にできない人が、お客さまに対していい仕事ができるはずがありませんから」

また、「あきらめることの大切さ」を意識するようになったとも語る。

「あきらめる＝明らかにする。営業で大切なことは自分のすべきこと、できること、したいことを、見極める、ということです。自分が会うべき人、会いたい人はどういう人か？それはなぜか？を明らかにしていくことが大切で、その上で、自分の持ち味、自分のできることを明らかにして、さらに伸ばすということが大事だと思うのです。

ですから、「断られる」ということも決して悪いことではないんです。たとえば、会いやすい人に会って、断られたとすれば、『あ、自分が会いたい人、会うべき人に会えてないんだ』、と自覚するチャンスです。

また、断られた方のことはあまり深追いせず『その方にとって、今はご契約の時期ではない』と考えます。自分の無知を自覚しつつ、人の協力を得ながら、次のチャンスをうかがいます」

石渡の今後の目標は何だろうか。

「学び続けること。そして世のため人のため、何かを与え続けること。目標というよりも、そうありたい、ということですね。
東大卒という学歴は〝学校歴〟にすぎません。本来、学歴とは『学んだ歴史』です。自分の無知を自覚して、『私だけの学びの歴史』を作っていきます」

指南

✔「自分の無知を知る」
✔「人の力を借りる」には、まずは身近な人から
✔「あきらめる＝明らかにする。自分のできること、したいこと、すべきことを見極める」ことが大切

no.22

先人と歴史に学び、お客さまと自分の未来を拓く

前田浩志
鹿児島支社
前職：大手ハウスメーカー

二〇〇三年にプルデンシャル生命に入社した前田浩志は徳之島の出身で、高校時代まで徳之島で育った。鹿児島の大学に進学し、卒業後は大手ハウスメーカーに就職。そこで全国トップレベルの営業成績を挙げた。

「トップとなったのは真面目だったから、ということに尽きます。営業という仕事は、

サボることもできれば、人一倍活動することもできます。私はサボらなかったので、足と情熱で結果を出していました」

前田は、社内で何度も表彰を受けたが、あるときプルデンシャル生命からアプローチを受け、ライフプランナーへの転身を決意した。

「当時は二十代と若かったですし、大手メーカーの看板を捨てて、素の自分でどこまでやれるか挑戦してみたかったんですね」

〝他責の念〟では現状を打破できない

プルデンシャル生命に転職し、ライフプランナーとなった後は、必ずしも順風満帆ではなかった。

「入社して最初の一年間は、とにかく一生懸命でした。教えられたとおりにひたすらお客さまとなる方を探し、アポイントを入れ、商談する——その繰り返しで、たゆまず一心不乱に努力を続けたところ、社内コンテストに入賞することができました。ところが、そのちょっとした成功で、ふっと気が緩んでしまったんですね」

営業成績はすぐに下降し、その後二年間は社内コンテストにも入賞できなかった。

「なぜ低迷していたのか――。根は真面目な方なので、別にサボっていたわけではありません。でも、**気持ちが内向きで、真剣にお客さまに寄り添えていなかったんです。悪循環に陥り、せっぱつまった思いが、テレアポや商談のときの言葉遣いや態度に出ていたんでしょうね。**

その後、早朝からの勉強会で営業所長に講師を務めてもらい、決算書の読み方の指導を受けるなど、法人マーケットに進むきっかけを作っていただいたことで、低迷期を脱出できました」

また、読書にも意欲的に取り組むようになった。

「『7つの習慣』(スティーブン・R・コヴィー著)という本に出合い、何のために仕事をするのか、どんな人生を歩みたいのかを明らかにする必要を感じ、自分自身の『ミッション・ステートメント』を書き上げたんです。

仕事の目的、人生の目的を明確にすることは、自分を変える大きなきっかけになったと思います」

こうして前田は復活を果たしたが、数年後、再び営業成績が振るわなくなった。

「当時は『リーマンショックのせいだ』と原因を自分以外の環境に求め、自分自身に言い訳をしていました。**まさに〝他責の念〟です。でも、結局は自分のせいだったんですね**」

現状の打破と自己の成長を求めて、前田は自問自答を始めた。

「技術やテクニックに走る小手先営業はイヤでした。そして突き詰めていくと、選ばれる人間にならなくてはダメだということに気付いたのです。大切なのは、『人間力』なんですね」

人間力をつけていくために、どこに自分の身を置くべきか、どんな方とお付き合いすればいいのか、などを考えるようになったと語る。

「『霧の中を行けば、覚えざるに衣湿る』という道元の言葉があります。これは霧の中を歩くと知らないうちに衣が湿る＝人はそばにいる人に知らず知らずに染まる、という教えです。

自分が成長できるかどうかも、お付き合いする人によって変わるんです。今は自分が尊敬する人、自分のフィーリングに合う人の中に身を置きたいと考えています」

前田はこのように考え方や心構えを変えていき、それが再浮上への足掛かりとなった。

お客さまに本を薦めるというリレーション構築

前田の〝学び〟の原点は読書である。

「歴史は繰り返すものです。多くの先人たちも今の私たちと同じように、壁に突き当たり、悩み、悪戦苦闘しながらもそれを乗り越えてきたのだと思います。先人たちの考え方や行動は現代にも通じるところがあり、それらを学ぶことで道は開かれると考えます」

前田はお客さまに対して、それぞれのタイプやニーズに合うと思われる本を薦めることがあるそうだ。お客さまの役に立つことで、深い信頼を得ることにつながると言う。「私より少し若い経営者のお客さまが売上が伸びないことで悩んでいらっしゃったので、『自分の思い描いたことを実現すること、そして大切にされている奥様を幸せにすることを第一に考えたらいいのではないですか』とアドバイスさせていただき、『望郷の道』（北方謙三著）と『7つの習慣』をお薦めしました」

学生時代は芥川龍之介など文学や歴史書を中心に読んでいたが、今は仕事に生かすことを意識して本を読むという。

「それほどの量を読んでいるわけではありませんが、月に四、五冊は読みます。また、興味のあるところだけつまみ食いするのではなく、著者の言いたいことを全体を通して把握することが大事と考えて、一冊通読するようにしています。

常に、タイムリーなテーマを取り上げたもの、実務で役立つもの、人から薦められた本など、何冊か同時進行で読んでいますが、好きなのはやはり歴史書です。**先人に学ぶ、歴史に学ぶことが大切だと思っています**」

そのような見識を生かす機会として、前田は五年間、鹿児島大学理学部で無報酬の非常勤講師を務めた。

「あるお客さまとのご縁で、お引き受けすることになったんです。テーマは『科学技術と現代社会』なのですが、私は、もっぱら『現代社会における物事の考え方』というテーマで話をさせていただきました。百年後のより良い未来を実現するためには、まずは次代を担う大学生にレクチャーするのが一番だと考えました」

学生からは「愚痴を言わない、物事を前向きにとらえるなど耳の痛い話ばかりで、ふだん自分ができていないことばかりでした」「授業で人生の指針になるような話を聞けるとは思わなかった」「考え方次第で人生はどうにでもなるんですね。心の底からやる気が湧き上がってきました」などの感想が寄せられたそうだ。

「地域・社会に貢献することが本懐」と語る前田の思いは、学生たちの心にも火を点（とも）したことだろう。

指南

✓ せっぱつまって気持ちが自分に向けば、お客さまに真剣に寄り添えない

✓ うまくいかないことを人のせいにしない。すべては自分の責任

✓ 先人に学び、歴史に学ぶために読書をする

no.23

過去のプライドを捨てたからこそ見える世界

宗藤真司
横浜支社
前職：輸入車販売会社

宗藤真司の以前の勤務先は、輸入車販売会社だった。十四年間の在籍中、販売目標をほぼ達成し続け、日本一に輝いたこともある。そんな宗藤がプライドと自信を持って選んだ新たな仕事が、プルデンシャル生命のライフプランナーだった。

「自信を持って転職したつもりでしたが、当初はすごく苦労し、入社二ヶ月目で『辞めます』と申し出たほどでした」

仕事に行くのが苦しくてたまらなかったそうだ。

「あてにしていたお客さまに立て続けに断られて、先が見えなくなり、不安が高まっていったということもありますが、それよりも大きかったのは『プライド』と『プレッシャー』でした。

前職と同じ営業職とはいえ、そんなに簡単に結果を出せるわけもないのですが、日本一を経験したというプライドは相当に強いものがありました。当時は『日本一を捨てたのにキャリアで失敗するなんて許せない』という想い、加えて『家族を食べさせていかなくては』というプレッシャーもありました。この二つが常に重くのしかかってきて、いたたまれない思いだったんです」

過去の自分にとらわれない

宗藤がこの「プライド」と「プレッシャー」の呪縛から抜け出せたのは、「何のために転職をしたのか」「何のために仕事をしているか」を明確にすることができたからだと言う。

「何で苦しいのだろうか、と突き詰めていったときに、苦しいのはプライドのためだとわかりました。しかし、仕事をするのに実はプライドなんて必要ない、もっと大事なのはお客さま第一の心だということに気付いたんです。

それからはお客さまのことを本気で考えられるようになり、先輩方の意見も素直に聞けるようになりました。

このことは多くの若い人たちにも言えると思います。伸び悩んでいる人たちは、過去の自分に縛られている感じがします。素直に話を聞けないというか、自分に固執しているというか。これは営業職や転職した方だけにあてはまることではないでしょう。**売れるか売れないか、活躍できるかできないかは、新しい環境や新しいシチュエーションで困難に直面したとき、過去の自分にとらわれないかどうかだと思うんです**」

プライドから解放されて業績が上がるにつれて、プレッシャーというもう一つの課題も自然に解消されることとなった。

生命保険という「家族のための商品」に携わることも、宗藤にとって自分の気持ちを上向きにするのに大きな意味があった。

「生命保険について考えれば考えるほど、家族のことを考える時間が増え、妻と会話する時間も増えました。家族への思いや接し方がだんだんと変わっていったのです。大切な家族のために自分に何ができるかを考え、実行することで充実感を得ることができるようになりました。

その結果、家族に対してだけでなく、もっと多くの人に貢献したいと感じるようになりました。『生命保険の営業という仕事を通じて、社会のセーフティネットを構築することで世の中に貢献する、それこそが自分の使命なんだ』と確信することができたんです」

目標を明確に持つこと、あきらめないこと

前職時代からずっと目標を達成し続けていた宗藤は「目標を達成するために必要な

ことは二つある」と言う。

「一つは目標を明確に持つこと。**〈なれたらいいな〉ではなく、本気で〈なりたい〉と思ったときに初めて、そのために何ができるかを考えられるようになります。**

もう一つはあきらめないこと。たとえば一年間の目標を設定して、十ヶ月ちょっと経過したところで達成は難しいという状況になったとき、あきらめることは簡単です。しかし、そこであきらめてしまっては、それまで努力してきたことの意味がなくなってしまうと思うのです」

また、営業の仕事を続けていく上で、応援していただける方の存在は重要だと宗藤は言う。新しいお客さまを紹介していただいたり、いろいろな情報を提供していただける方がいると、仕事に厚みが出てくるからだ。

「やはり、広い人脈をお持ちの方、影響力のある方、人望のある方に協力者になっていただけると、営業の仕事は格段にやりやすくなります。

そういう方々に応援していただけるようになるためには、まずはこちらがその方々の現状に耳を傾けて、どんな悩みをお持ちかを探り、その悩みを解決するお手伝いをすることです。そしてもし解決できないようであれば、それはこちらのレベルがまだそこまで達していないからかもしれません。だとすると、もっと自分のスキルを磨く必要があります」

宗藤によれば、相手にとって役に立つ人間になるということは、自分の成長の証しであり、自分という人間が認められることでもある。また、それまでよりも高い次元に到達し、自分の新しい可能性を広げることにもなるのだ。

「医師のお客さまに頼まれて、その後輩でMRの方の仕事の相談に乗ったり、税理士の先生から美容院に経営のアドバイスをしてほしいと依頼されたこともあります。自分の営業には直接つながらなくても、『宗藤を呼べば助けてくれるのでは』と頼りにされるのはうれしいですよね。『宗藤さんでよかった』『宗藤さんのおかげです』と感謝されるのは大きな喜びです。

そう思われるようになるには、まず、お客さまの良き〝聞き手〟になること。そして、**お客さまにとって役に立つ人間になることです。その結果として、お客さまが応**

援してくださるようになるんです」

ライフプランナーの仕事をはじめた当初から、宗藤は契約後のアフターフォローに力を入れている。前職時代の経験も踏まえ、「ご契約いただいたお客さまに常に身近に感じていただくこと」を強く意識しているという。

「転職したての頃、妻に手伝ってもらいながら自分で撮影した写真を使ったバースデーカードを送っていました。お客さまのことを考えながら撮影し、カードを作ることで『いつもそばにいますよ』というメッセージを送りたかったのです」

宗藤は、お客さまのご要望に常に的確にお応えできるように、いつもお客さまのそばにいることを伝え、何かあればすぐに対応できるライフプランナーでありたいと望んでいる。

「あるお客さまからは、旅行に行く前に必ず『これから妻と海外に行くので、何かあったら子どもたちと従業員を頼む』とお電話をいただきます。またある医師のお客さまは、看護師やスタッフ向けに『自分に何かあれば、この人に連絡してください』と記入した私の名刺をご自分のデスクに貼ってくださっています。
お客さまとのこうした近しい関係が私の理想ですし、私がこれからも仕事を続けていこうと思うエネルギーにもなっているんです」

指南

- ✓ 過去の自分に縛られない。
- ✓ 過去のプライドにとらわれない
- ✓ 明確な目標を持つこと、あきらめないこと
- ✓ 役に立てる人間になれるよう成長すること

no. 24

「やった」のレベルを変えれば、仕事の捉え方も変わる

佐々木高治
千葉支社
前職：医療機器メーカー

佐々木高治は、医療機器メーカーの営業を経て、プルデンシャル生命のライフプランナーに転身した。営業マンとして順風満帆だった佐々木が転職を決意したのは、自身の経験にあった。

「大学生の頃、父が亡くなりましたが、残してくれた保険金で、学費、生活費と病に

倒れた母の治療費をなんとか賄（まかな）うことができました。そんな中、残された保険金の一部で母は勧められるままに私を保険に入れたのです。そのときは『この保険は本当に自分に必要なのか？』という思いがあったのですが、その後、ライフプランナーとなり、あのとき母が加入させた保険には、母の思いがこもっていたことに気付かされました」

転職にあたって、今は亡きプルデンシャル生命の創業者が「生命保険の果たす役割」を熱く語るのを聞いたとき、身体が震えたのを今でも覚えていると佐々木は語る。

「心底、この仕事に出合えてよかったと思いました。そして、誠心誠意、人の役に立つ仕事をしようと心に決めたのです」

それから二十年以上にわたって、佐々木は生命保険の果たす役割を信じ、お客さまのため、保険「道」・営業「道」を究めようと努力を続けてきた。

「なぜできないのか？」と突き詰めると「自分の未熟さ」に行き当たる

ライフプランナーとなった頃の佐々木は、最初の数年は〝できる人〟を見れば憧れ、その人を目指していろいろなことを試したそうだ。

「さまざまなノウハウやテクニックを学んで試したり、何度も社外セミナーや、売れている人に話を聞きに行ったり……。もちろんいろいろな刺激をもらい、売れるようにもなったのですが、何かスッキリしないものがありました」

佐々木は悩みに悩んだ末、結局は「人間としての器」ですべてが決まると思うようになった。

「結局、**モヤモヤは『なりたい自分』『人生の目標』がはっきりしていないから**ではないかと思い至ったのです。そこで『なりたい自分』を明確にし、そのために必要な『人間としての器』を大きくしようと思いました」

佐々木はある時期、営業という枠を取り払い、「どんな自分になりたいか」を模索する〈人生の目標さがし〉に時間とエネルギーを費やした。その期間の業績は以前より大きく下がったが、実に楽しかったと振り返る。

「ある先生の企画するツアーで、ネパールの小さな村に三週間ほど滞在したこともありました。訪ねたのは電気や水道すら整備されていない村でした。しかし、そこで生活している大人も子どももみんな笑顔でとても幸せそうに見えました。物質的には私たちの方が豊かだったかもしれませんが、精神的には彼らの方が豊かだったような気がします。『精神的な豊かさとは何か？』『自分はこれから何をしたいのか？』『どんな自分になりたいのか？』をゆっくり考えることができました」

佐々木は、目的を探すなかで「人生の目的は、心を高めること、魂を磨くことにある」という稲盛和夫氏の言葉に出合い、この言葉を自分の理念にしたことで、日々の行動がブレなくなったと語る。

「後輩から『営業するに当たりメンタルブロックをどのように克服していますか？スランプを感じませんか？』と質問されたことがあります。それに対しては『なぜ落ち込むのか、なぜやる気が出ないのか――**自分の見返りだけ求めて行動すれば、見返り**

がないときにショックを受けるし、やる気が失せる。でも、人のために行動すれば、感謝されるし、疲れることはない。自分のためだけに動けば、疲れるし消耗もするが、人のために動けば、感謝の念が自ずと湧き上がり、次の原動力になる』と答えました。

落ち込むのはすべて自分の未熟さ、弱さ、身勝手な自分自身が原因だと気付くのです。立ち止まって考えるのは一見無駄な時間と思われがちですが、実に大切なことだと思います。謙虚に反省することで、見えていなかったこと、気付いていなかったことがはっきりします。道が見つかれば後は突き進めばいいので、不安はなくなるんですね。今の課題は何か、それをとことん突き詰めることを常に意識するように後輩には指導しています」

物事を極めれば「やる」のレベルは変わる

営業マンとして三十年以上歩んできた中で、仕事がマンネリ化したり、モチベーシヨンが下がったりすることはなかったのだろうか。佐々木は「仕事のとらえ方が変われればマンネリも楽しめるのです」と語る。

「営業という仕事は同じことの繰り返しで、マンネリを感じることもあるかもしれませんが、視点を変えたり、突き詰めるレベルを変えることで感じなくなりました」

そのことに佐々木が気付いたきっかけは、ある会で「トイレ掃除実習」に参加したことだった。

「最初はギョッとしました。汚れが石灰化しこびりついている便器を見て、これは落ちないだろうと。でも、たわしとやすりで丹念に磨き上げていきました。しばらく掃除をして『全部は落ちませんでしたがきれいになりました』と報告をすると、『では、あと五十回磨いてください』と言われるのです。えっ、と思いながらも、言われたとおり五十回磨くと、今度は気持ちがいいほどピッカピカになったのです。

このとき、自分の中で物事に対する考え方が大きく変わったのを覚えています。**ピッカピカにするまで磨く掃除も、少し汚れが残っているレベルの掃除も、『やった』という意味では同じなんです。でも『やる』のレベルが全く違う**のです。ピカピカになるまで磨くのと、そこそこ磨くのでは磨き方が全く違います。成功するものは成功するまでやるという話がありますが、漫然とやっていてはだめですね。とことんまでやるんだという気概がなければいけません。要は心持ちの違いです。そういう意味で、トイレ掃除は心を磨くいい修行になりました」

　トイレ掃除を通じて、身をもって「物事の極め方」を学んだ佐々木は、このことは営業にも当てはまると語る。

「たとえば、商談で十五分のアポイントをいただいたとします。この時間を無駄にすることのないよう、お客さまとの商談をイメージし、きちんと準備します。何を伝えるのか。何か役に立つ話ができないか――。

　こうしたことを意識して取り組んではじめて、やれることを『やった』と言えるのだと思います。その結果、上手に話をするのではなく、役に立つ話をしようという強い意識も芽生えます。そう考えると、まだまだやれることはたくさんあると感じるようになりました」

「すべては『世のため、人のため、私利私欲を捨てる』という言葉に照らして判断します。人の嫌がることをしない、人に迷惑をかけない、嘘をつかない。お客さまや仲間だけでなく、会社にも国にも貢献したい。すべての出来事に感謝し、恩に報いる自分でありたい。私たちのようなフルコミッションの営業は、すべてが自分に返ってきますので、自分という軸を大切に行動していきたいと思っています」

指南

- ✓「なぜできないのか？」を突き詰めれば自分の未熟さに行き当たる
- ✓「なりたい自分」と「人生の目標」をはっきりさせる
- ✓「やった」ということを極めれば、マンネリに陥ることはない

no. 25

「温顔無敵」うまくいかなくても笑顔で受け止める

大崎俊哉
千代田第五支社
前職：百貨店

大崎俊哉は百貨店の外商を経て、プルデンシャル生命のライフプランナーに転身した。前職での営業成績がトップだったので、ライフプランナーとしても最初は順調だった。ところが入社四年目に大きな壁にぶつかった。一年間の売上が帳消しになってしまうような大きな解約があったのである。

自己変革
「温顔無敵」うまくいかなくても笑顔で受け止める

「今までやってきたことがゼロになってしまった気がして、数ヶ月間、ろくに仕事もせずにふてくされて過ごしていました。

そんなとき、尊敬する先輩ライフプランナーから『お前はなんのためにこの会社に入ったんだ！　お前はまだまだなんだ。一件や二件の解約でヘコむくらいだったら辞めてしまえ‼』と叱責されました。言われたことは全くその通りで、知らないうちに天狗になっていたのだと痛感しました。

それまで、うまくいかないときには他人を責めたり、環境のせいにしていましたが、考えてみればすべては自分のせいなんです。すべてが自分の責任と思えるようになって、自分を飾ったり、構えたりせずに、正直にお客さまと向き合えるようになりました」

それからは、自分の考えを押し通して売ろうということもなくなったそうだ。

「そんなことをしても、お客さまに見透かされてしまいます。たとえ成約に至らないことがあっても、お客さまや環境のせいにするのではなく、まずは自分に非がなかったのかを振り返るようになりました。

そして、うまくいかないことも含め、人生のさまざまなことをすべて笑顔で受け止めることが大事だと、今は考えています。名刺にも載せていますが、**自分のモットーは『温顔無敵』。たとえ大変なときでも笑顔で受け止められるのが一番強いと思うんです**」

「どうして勝ちたいのか?」。理由を明確に考えよ

大崎は、母校の立教大学で体育会バスケットボール部のコーチを十六年間務めている。「営業の仕事で売れることと、バスケットボールで強くなることには、実は共通点がある」と大崎は言う。どちらも心の奥底にある芯の部分で、「自分が何を実現したいのか」をはっきりさせて、それを目指すことが必要なのだという。

「バスケットの選手で『勝ちたくない』って思ってる人はいないんです。でも『どうして勝ちたいの?』と質問すると、多くの学生は『えっ?』と口ごもります。誰しも

勝ちたいのはわかっている、けれどその理由を言葉にしていないのです。そこでなぜ勝ちたいかを考えさせる。『今まで勝ってきたから』というような漠然とした答えでもいいんです。ある学生は、『勝ち続ける自分を実現したい』と答えました。そのように勝ちたい目的を明らかにしたあと、次に『そのために何をすればいいか』を考えさせるんです。

営業もそうです。売りたくないと考えている営業パーソンはいないですよね。そこで、**『なんで売りたいの？　売ってどんな自分になりたいの？』ともう一歩踏み込んで考えることが大切だと思うんです**」

「使命」が明確なら、ブレずに直球で勝負できる

大崎は支社の後輩ライフプランナーたちを指導しているが、バスケットの選手と同じ質問を投げかけると、彼らにも共通の課題があると言う。

「自分が何のために仕事をしているかという『使命』が明確になっていない、という

ことです。だから、お客さまの前で話すことがブレてしまうのです。仕事を通して何を実現したいのか、お客さまにどのように貢献したいのか。それが自分の中ではっきりしていないから、お客さまと話をしていても伝わらないんです。

そんな状態が続いて売れない時期が長引くと、結果として情熱を失い、お客さまに提供すべきことも提供できなくなるという、負のスパイラルに陥ってしまうでしょう」

大崎は、**「使命」というものは漠然とイメージするのではなく、きちんと言葉にできるものでなくてはならない**と言う。大崎の使命とは「お客さまの必要に応じた生命保険を販売し、お客さまに心の平和と経済的利益を提供することによって、世の中に貢献すること」というもの。これを**毎朝家を出る前に、必ず三回大きく声に出して唱える**のが日課だという。

大崎の営業に同行したことがある後輩ライフプランナーは、お客さまへの接し方に学ぶところが多いと感じている。大崎は自身の営業スタイルについて次のように語る。

自己変革

「温顔無敵」うまくいかなくても笑顔で受け止める

「回り道をせず、直球でお客さまに語りかけます。お客さまを思う気持ちと自信があれば、お客さまから信頼していただけると思います。

話もしないでダメだろうと勝手に自分の中で結論を出してしまう人もいますが、私の場合『使命』がはっきりしていますから、まずは、出会った人にストレートに生命保険の話をします。結果はその次です。

どんな仕事でも、何か根幹となるものを持っていないと、いい仕事はできないと思います。なぜこの仕事をやっているのかという使命感が必要ではないでしょうか」

バスケットでも仕事でも教える立場になることが多くなってきた大崎は、「指導することは自分を律することにつながる」と言う。

「自分ができて初めて人にものを教える資格が生まれるのだと思います。自分自身は何を実現したいのか、考えの軸になっているのはどんなことか、それをはっきりと持っていないと相手には伝わりません。売れない原因は相手にあるのではなく、自分の中にあるんです。

バスケットでは体育会の公式戦で勝つことを真剣に目指しています。だからこそ、うれしいときに泣くし、悔しければ怒る。そんな環境にずっといるので、いつでも真剣に戦える姿勢を保つことが染み付いています。これが仕事にも反映されているのだと思います」

大崎は、現在約千三百名のお客さまを担当しているが、お客さまのプロフィールやお会いしたときの状況など、全員のことが頭に入っているという。

「『そういえばあのお客さまは○○をしたいとおっしゃっていたな』とか『あのお客さまにはそろそろ○○をご提案したほうがいいな』など、自分が取るべき行動が自然に頭に浮かんできます。

統計を取っているわけではないですが、考えることは不思議と当たっていて、お客さまに連絡を取ると『どうしてわかったの?』と言われることがよくあるんですよ。

とにかく、お客さまと濃いお付き合いをして、お客さまのお役に立つことだけを一心に考えたいと思っています」

指南

- ✓「どうして勝ちたいのか？」。理由を明確に考える
- ✓「温顔無敵」でうまくいかなくても人のせいにしない。笑顔で受け止める
- ✓ 自分が仕事をしている「使命」「目的」を毎日口に出して唱える

chapter

6

戦略

他者と差別化し、自分の強みを生かし、
壁を乗り越えるために、
どのような戦略を練り上げるのか。
さまざまな事例を紹介する。

no. 26

「自分事業計画書」を作る

柴田浩太郎
東京第一支社
前職：半導体製造装置メーカー

柴田浩太郎は、大学卒業後、半導体製造装置メーカーに就職した。若手にも何十億円規模のプロジェクトをどんどん任せるような会社だった。新卒の柴田も大型プロジェクトの最前線に配属された。「お客さまの課題を見つけて解決策を提示する『営業』という仕事がとても楽しいと思いました」

しかし、大規模な取引に結び付くクライアントは限られていて、当然ながら担当先を自分で選ぶことはできない。

「会社対会社の大きなプロジェクトの営業であるということは、半面、自分でコントロールできる余地が少ないということです。自分の貢献度が見えにくいところに物足りなさを感じていました」

そんな時期にプルデンシャル生命から声がかかった。

ライフプランナーという仕事が、人対人、一対一のヒューマンビジネスであり、成長と成果の源はすべて自分自身、というところが自分にぴったりだと感じた柴田は、転職を決意した。

「一人ひとりのお客さまの課題を解決する仕事が好きなんです。それを高いレベルで実践し続けるために常に努力する自分でありたいと思いました」

自分自身を会社に見立て「自分事業計画書」を作成

転職してしばらくは、教わったとおりに基本に忠実にコツコツとやっていくことで、何とか順調に結果を出していくことができたと柴田は言う。

「でも三、四年経ってさらに高い営業成績を、と考えたときに、現状の延長線上では難しいと思いました。

当時、私のいた営業所には、社内のチャンピオンに二回輝いた凄腕（すごうで）の先輩がいました。その先輩は、お客さまへの徹底した対応、次々と仕事をこなすパワーなど、何から何まで人並みはずれていました。その人の営業スタイルを真似て、やみくもにゴルフや飲み会にとことんお付き合いする、という時期がありました。

今考えると浅はかですが、そのときは表面的なところを真似していれば先輩のようなスーパー営業マンになれるのではないかと勘違いしたんです。でも営業成果には結びつかず、業績は下降線をたどり、身体も壊してしまいました。その結果思ったんです。こういうスタイルは自分には合わない、この仕事を続けていくためにはこれではダメだ、と」

柴田は、**「自分に合うスタイルとは何だろう」と自問してみた。そして、「自分の強み」を改めて考えるようになった**という。

柴田を採用し、入社時から見守ってきた当時の支社長は、柴田の人となりについて次のように語る。「とても誠実で実直。やると決めたら過剰なまでにとことんやってみる性格です。そして、非常に頭がよくて、ロジカル・シンキングが得意ですね」

柴田は自分の資質や性格を踏まえ、まずは自分自身を会社に見立て「自分事業計画書」を作成することにした。

・理念
・ミッション・ステートメント
・中期経営方針
・事業の定義と事業領域
・三年後定性目標・定量目標
・事業環境分析と戦略課題

など、五十近くの項目を挙げて作成したそうだ。

事業計画書作成にあたってのポイントは、**「強化すべき分野」を挙げる一方で「注力しない分野」も明記した**ことである。

「時間やエネルギーには限りがありますから、することとしないことの選択は大切です。成果を挙げたい領域、自分が最も力を発揮できる範囲を見極めて、そこに自分の力を集中することが大事だと思います。

できないと思うことは始める前にあきらめる。できると思うことはできるまでやる。つまり、『やらない勇気』と『やりぬく力』が大切なんです」

こんな自分でありたいという〝定性的な目標〟が大切

冷静で堅実、知的で分析的、「数値目標をパワーでクリアするタイプではない」と柴田は自己分析する。しかし、目標はずっと達成し続けている。そこにはどのような秘訣があるのだろうか。

「ある期間に一定の成果を挙げようと考えたとします。でも、期間の設定はあくまで自分の都合であって、相手の都合ではありません。その期間にこだわりすぎると相手に無理をさせてしまうかもしれない。

そこで発想を転換して、**まずはお客さまにとってのベストのタイミングはいつなのか、を徹底して考えます。**今すぐなのか、一ヶ月後なのか、それとも一年後なのか。そして、お客さまそれぞれのベストのタイミングでご契約をお預かりできるように、逆算して準備をしていきます。

多くのお客さまをしっかりフォローできるようになったことで、お客さまによって異なるベストタイミングを逃すことがなくなり、毎月・毎年の営業成績も徐々に安定するようになってきました」

さらに柴田は、研修や勉強会で学んだことを自分自身に定着させるため、単にメモを取ったりレポートとしてまとめるのではなく、パワーポイントを使って丁寧(ていねい)に資料作成をしている。相続に関してまとめた資料は百ページ近くになるそうだ。

「やりすぎですよね(笑)。でも、お客さまに伝えることをイメージして資料を作ろうとするとき、自分に必要な知識や情報が不足していると、うまくまとめられません。知識の穴をきちんと埋めるように学び直すことで、お客さまにお伝えすべき情報が正しく深く自分の中に定着するのです。

また、どうしたら短い時間でわかりやすく必要な情報を伝えられるだろうか、と試行錯誤しながら作るので、プレゼンテーションのトレーニングにもなります」

柴田は、お客さまに提案を行う際に「お客さまのお役に立ちたい」という思いが一番大切だと語る。そんなお客さまを思う気持ちのベースにあるのが、「人としてどうあるべきか」ということだと言う。

「事業計画で数値目標などを策定しますが、自分にとって最も大切なのはむしろ『定性的な目標』だと気付いたんです。具体的には『どんな自分になりたいか』ということです。

基本的なことですが、たとえば家庭を大切にして生きること、小さな約束もきちんと守ること、ハンデのある人や困難に直面している人に寄り添うこと、仲間とともに切磋琢磨しあうこと——言いかえれば、自分の人生をよりよく生きる、ということでしょうか。一番難しく、なかなか全うできませんが。これらのことは自分の人生にしっかりと向き合ったときに初めて達成できるのだと思います」

指南

- 「自分らしさ」「自分の強み」を考え、成果につなげる
- 「強化すべき分野」と「注力しない」分野も明確にする
- お客さまにとってのベストタイミングを考え、逆算してスケジュールを立てる

no. 27

売れる人に「できない」という選択肢はない

村山 大
銀座支社（現：汐留支社）
前職：大手不動産会社

村山大(むらやままさる)が新卒で入社したのは大手不動産会社。入社後はマンションやビルの企画を担当し、数十億円規模のプロジェクトにやりがいを感じていた。そんな頃にたまたま目にしたのが、プルデンシャル生命の「創業十年目にして初の管理職採用プロジェクト」という広告だった。

「社名さえ知らなかったのですが、自分に対する客観的評価も知りたいし、力試しに受けてみようか……という程度の気持ちで説明会に参加したんです。

すると会場には多くの希望者が集まっていました。総勢数千人もの応募者があったそうです。しかし、採用されるのはわずか二十人という狭き門。そういうシチュエーションって燃えちゃうんですよね（笑）。すっかり本気になってしまいました。説明会の壇上に立ったのが若い役員で、自分の周りにはいない、オーラを感じさせる人だったことにも衝撃を受けました」

"ストイック"だけでは成功できない

こうして村山は、ライフプランナーの採用とその育成を担当する営業所長としてプルデンシャル生命に入社した。

「一年目はまさに無我夢中でした。研修で習った『優秀な人材を採用するにはとにかく人に会え』のセオリーを実践し、業界やその企業の中で一番といわれる人を探しては会い続けました。
優秀な人材をスカウトするということは、スカウトする側が『ついていくに値する人物かどうか』を判断されるわけですから、究極的に『自分を売る』ということになります。本物の情熱は必ず相手に伝わると信じて奮闘し、一年で五名のライフプランナーを採用することができました」

ところが、二年目になるとメンバーたちとの関係がぎくしゃくするようになった。村山にとって初めての挫折である。

「ストイックすぎて、相手にも同じように結果を出すことを要求してしまっていたんです。それが営業所内を息苦しくさせていました。心にゆとりがなく、人間としてのバランスを欠いてしまっていたんだと思います。

いくら肩肘（かたひじ）張って頑張っていても人間的な魅力がないと、メンバーからもお客さまからもそっぽを向かれてしまいます。今にして思えばいい経験をさせてもらいました」

"失敗"は成功者には存在しない

村山は、営業所長を五年間務めた後、ライフプランナーに転身した。営業所が軌道に乗り、ライフプランナーの成長ぶりを目の当たりにすると、「さらにレベルアップするには、自分自身がライフプランナーを経験することが必要だ」と思うようになったからである。

営業所長としてライフプランナーを育成していたので、彼らが成長を遂げていくプロセスを疑似体験する機会も多く、「こうすれば成功する」というポイントをある程度つかめていたという。

そんな村山は、**売れる人と売れない人との違いは、「絶対にやり抜くという強い意志を持つことができるかどうか」**だと考えている。

「売れる人には『できない』という選択肢は端(はな)からないんです。これに気付かせてくれたのは、私がスカウトしたあるライフプランナーでした。

彼はセールスの現場にデビューした初月から高い目標を設定して、結果を出そうとがむしゃらに活動しました。移動中や空き時間すら有効に使うためにクルマを使っていたのですが、締めが間近なある日、そのクルマが高速道路上で故障してしまったのです。

普通なら、修理の手配やアポイントの変更などで時間のロスが発生し、後ろ向きの気持ちになってしまうと思います。多くの営業パーソンは、『目標を達成できない理由』が見つかると、簡単にあきらめてしまう傾向があります。

ところが彼はクルマで回る予定だったアポイントを変更することなく、翌日には何事もなかったかのように、どこで調達したのか別のクルマで営業していたんです。私には『トラブルが発生した』という相談すらありません。彼には『やる』という選択肢しかなかったから、『どうやり遂げるか』しか考えていない。『できない理由』を考える時間すら惜しいんでしょうね」

村山は「そもそも失敗という概念は、成功者には存在しない」とも言い切る。

「一度失敗しても、二度と同じ失敗はしない。そして、**『どうやったらこの失敗を次の成功につなげることができるか』を考える。**さらに、成功につながったら、それが単なるまぐれで終わらないよう、しっかりとノウハウに落とし込む。失敗を失敗で終わらせない。

つまり失敗は成功の糧。だから、成功者に失敗という概念はないんですよ」

「お客さまのために」は必ず自分に返ってくる

「大数の法則」という統計学の定理がある。たくさんのお客さまに話を聞いていただければ、一定の数のお客さまからご契約をいただけるというものだ。ビジネスや営業の場でもよく使われる理論である。この考え方に対して村山は一石を投じる。

「『大数の法則』では、ともすると営業活動の量だけを重視してしまいがちですが、質を上げる努力を置き去りにしてはいけないと思うんです。やはり、お客さま一人ひとりに丁寧に向き合うことを忘れてはいけないと思います。

ただ、『悪いことばかりも、いいことばかりも続かない』という意味では、『大数の法則』のとおりだと思います。つまり、絶好調のときもおごらず、スランプのときもうろたえず、常に平常心を忘れないことです。

仕事は粛々と、でも心からお客さまのことを考える。『クールに見えて実は熱い』というのが私のスタイルなんです」

「お客さまに頼られるのはうれしいし、やりがいにもなる」と語る村山の携帯電話には、多いときで一日に三十件もの着信がある。

「お客さまからのお電話は、保険と関係ないご相談も多いんです。『接待で使えるお薦めのレストランはある？』とか、『創業○周年記念パーティを企画するんだけど、あのホテルの評判は？』などです。ここで『わかりません』としか答えられないのと、自分の実体験から的確なアドバイスができるのとでは、相手に与える印象が全く違いますよね。

ですから、仕事はもちろん、プライベートでもちょっと背伸びをして、おいしい食事をしたり快適なホテルを利用してみたりしています。良質のサービスに触れれば自分の勉強にもなるし、仲間や家族と過ごす時間が快適なら心も穏やかになります。そして何よりも体験した情報をお伝えできることでお客さまに頼りにされる。**公私を問**

わず日々のすべての体験を生かせるのが営業という仕事です。お客さまのためにレベルアップしようとプライベートの時間やお金を使ったとしても、それはムダにはなりません。回り回って結局自分の元に返ってくるからです」

指南

- やり抜く意志を貫き、「できない」という選択肢は持たない
- 失敗を成功の糧とする。だから、成功者に失敗という概念はない
- 自己投資とクオリティの高い経験がお客さまへの貢献につながる

no. 28

私流「おせっかい」マーケティング

神保 篤
高崎支社
前職：銀行

神保篤の前職は銀行マン。銀行ではほぼ、渉外担当として営業に携わってきた。そこで結果を出し続けていたが、決して営業が得意な方ではないと自己分析する。

「話をするのはあまりうまくありません。ただ、人と人とをつなぐことには自信があります。もともとおせっかいな性格なので、私のネットワークの中に、お客さまの仕事に役に立ちそうな人がいたら、頼まれてもいないのに紹介するのが大好きです。仕事を通じたお付き合いが、やがて友人としてのお付き合いへと変わっていく。お付き合いの輪が広がっていくことが楽しくてたまりません」

そんな自分の持ち味を十二分に生かせる仕事だと感じて、神保はライフプランナーに転身した。順調なスタートを切ったが、三年目で大きな壁にぶつかった。

「法人のお客さまをマーケットにしたいのに、やり方がわからなかったのです。とっかかりとして社長と飲みに行けばいいのかと思い、毎晩飲みに行くようにしました。ところが、もともとお酒は大好きなものですから、営業すると言いながら自分が楽しんでしまっていた。次第に飲むこと自体が目的になっていたのです」

生活リズムは崩れ、朝は起きられなくなった。当然、営業成績も落ち込んでいった。

神保は猛省し、飲むことはあくまでお客さまの人となりを知るための時間ととらえることにした。そして、自分の強みを生かすことで勝負しようと決意した。

「**おせっかいこそが私の営業マンとしての原点であり、強みだと思います。**『こんなことをすればこのお客さまのプラスになるんじゃないか』『このお客さまとあの方をつなぐことで、お客さまの会社の業績ももっと伸びるんじゃないか』と、生来のおせっかいを発揮していきました。お客さまとお客さまとの間に私が介在することで、新しいつながりができ、お付き合いのフィールドが広がると同時に、結果につながるようになっていったのです」

結果ばかりに気を取られていると結果が出ない

結果を出せている営業パーソンと結果を出せていない営業パーソンとの違いは、能力ではないと神保は言う。

「結果を左右する違いは二つあります。まず一つは、目標に到達するまでの道筋のつけ方です。

私は後輩を指導する際、まず目標を掲げさせます。その目標を達成するために、週に何回新規のお客さまを訪問するかとか、テレアポを何件するかといった具体的な行動計画にまで落とし、それを実行できているかをヒアリングするようにしています。

到達すべき目標をまず設定し、そのために何をするのか。さらに、それをするためには何をしたらいいのか……と順を追うことで、目標を達成するためにやるべきことを俯瞰してブレイクダウンしていきます。これを実行することが結果を出すことにつながるのです」

もう一つは〝結果〟に対する考え方の違いだ。結果を出せていない人は結果にばかり気を取られていると神保は指摘する。

「結果はあとからついてくるものです。

お客さまは、あの人に話をすれば親身に相談に乗ってくれるし、改善策も提案してくれるという付加価値の部分を評価してくださっているんです。たとえば生命保険であれば、はじめに保険ありきではないのです。保険だけでは解決できないこともたくさんある。結果の出せる人は、こういった考え方を当たり前のこととして行動しているはずです」

また、営業パーソンとしての実力をつけるためには、どんなことからも逃げてはならないと神保は言う。

「人間は苦手なこと、気が乗らないことから逃げたくなるもの。でも少しでも逃げずに頑張ることで、だんだんと精神面のインナーマッスルが鍛えられるんです。

マラソン選手が酸素の薄い地域で行うトレーニングを『高地トレーニング』といいますが、**営業パーソンにとっての高地トレーニングは、〝苦手なことをやり続ける〟ということです。やり続けることで、耐えられる力がついてくる。**いきなり高い山に登ることはできませんが、トレーニングを積んでいれば登れるようになります。壁にぶち当たったときでも乗り越えられる、つまり逃げずにやり続けることで営業パーソンとしての筋力が鍛えられるのです」

勉強会は〝習慣化〟に効く

神保が常日頃気をつけていること、それは身だしなみである。

「営業パーソンは第一印象で『かっこいい!』と思われる必要はないんです。嫌悪感を相手に与えなければいい。

主張のある服装をしていると、あるお客さまにとっては好印象かもしれませんが、別のお客さまには『チャラチャラして……』と悪い印象を与えることになるかもしれません。営業パーソンはマイナススタートであってはいけません。ほんの少しプラスの状態でいることが望ましいのです。

自分がどのようなお客さまにアプローチするか、どんなマーケットで仕事をしたいのかを明確にし、そのうえで自分の身だしなみや振る舞いがマイナスとなっていないか、見極める必要があるでしょう」

それから、お客さまのさまざまな関心にお応えできるよう、引き出しを増やす努力をした方がいいと神保は言う。**お客さまに興味を持ってもらうことがコミュニケーションの第一歩であり、引き出しの多さがその役に立つこともある**からだ。

「クルマでも腕時計でも、あるいは別荘でも、お客さまの関心事が話題になったときに、『ああ、いいですね』で終わるのか、それとも『別荘でしたら……』と話をつなげていけるのか、その差は大きいです。ただしその場合、相手の気持ちを意識して、仮にクルマや腕時計や別荘を持っていても『見せない』ことが肝要です。そのちょっとした配慮は大切です」

神保は支社内で勉強会——人呼んで「神保塾」——を主宰している。単に知識を得る場としてではなく、営業パーソンとして必要な要素を身に付ける場にしてほしいと神保は考えている。

「勉強会に毎回参加することで、朝早い時間に出社する、規則正しい生活を送る、といったことがおのずと習慣化されてきます。私自身も、勉強会への出席を自分への戒めとしているんです。講師側もどんな質問が出ても答えられるよう、しっかりと準備をして勉強会に臨むことが求められます。教える側も教わる側も、双方にとって収穫の多い一時間です。

こうして週二回、何年も続けると莫大な知識量になります。知識を得ることももちろん大切ですが、それは言ってみれば当たり前の話。続けること、習慣づけること、事前準備を行うことが実は大切なのです」

指南

- 営業とはおせっかい。お客さま同士をつなげる
- 苦手なことをやり続ける「高地トレーニング」が必要
- 引き出しは多いほうがいい。ただし見せびらかすのではなく

no. 29

成功モデルは一つだけではない。自分に合ったスタイルを

清水隆志
横浜西支社
前職：大手食品会社

清水隆志は「敷かれたレールの上をこのまま進んでいくだけでいいの？」という家族の一言がきっかけで、大手食品会社の財務・経理担当からライフプランナーに転身した。営業経験ゼロでの転職ということもあり、決して順調なセールス人生を歩んできたわけではないが、二十数年経った今では毎年トップクラスの成績を挙げるまでに

なった。

数字は追わない、電話はしない……俗にいう営業のイメージとは大きくかけはなれた〝非典型的営業タイプ〟とも言える、清水のセールス道とは――。

〝農耕型営業〟で信頼関係をじっくりと築く

「営業はコンサルタント」が清水の持論である。お客さまの抱えている問題を浮き彫りにして気付いていただき、その問題のソリューションを提供することが営業の仕事なのだと言う。

「以前、先輩から『お客さまが欲しいのは保険という商品？　違うでしょ。**本当にお客さまが欲しいのは〝安心〟なんじゃないの**』と諭(さと)されて、ハッとしたことがありました。それまでの私は商品の説明をすることに必死で、本当にお客さまが欲しいもの、必要としているものが見えていなかったんです。

生命保険という手段を使って、お客さまの問題を解決することが私たちの仕事だと気が付きました」

ただ、相手が法人のお客さまとなると、〝安心〟の提供の仕方は少し異なってくる。

「法人のお客さまが抱えている問題は、非常に多岐にわたっています。場合によっては一、二年のうちに会社がなくなってしまうという可能性だってあるのです。そういった問題点を探り出すためには、こちら側にも聞き出す力が求められます。それだけに、とてもやりがいのある仕事だと誇りを持って取り組んでいます。

お客さまが漠然と不安に思っていることに対して、どこに問題が潜んでいるかを明確にし、その解決策を提示する。ときには人事管理やシステム設計など、直接自分の仕事につながらないことでも、お手伝いすることが多いです」

営業パーソンにとっては、回り道のように思えるが、「それでいい」と清水は言う。

こうした営業スタイルを〝**農耕型営業**〟と表現し、次のように語る。

「お客さまの問題が解決すれば、お客さまの会社の業績や担当の方の評価は上がるでしょう。それが私のアドバイスや提案によるものであれば、私への信頼も高まります。

しかし、一日や二日で作物が実らないのと同じで、いくら種をまいても、土壌が合わなければ芽は出ません。その場合は、種をまく前の土壌改良から取り組むことも必要になるのです。他の人がやらないことまでやれば、芽が出る確率が上がります。信頼関係も短時間で築くことはできないのです。

回り道と思える活動が、いつどこで芽吹くかわからないし、収穫時期もそれぞれ異なります。だからこそ、日頃から多くの田畑を耕しておくことが必要になってきます。売れない営業パーソンは、すでに実っている畑ばかりに目を奪われますが、育つまでの過程を知っている人間だけが、適切な収穫時期を見極められるものです。

私自身も、多くの田畑を耕しつつ、それらの育ち具合に目配りしながら、タイミングを逸してしまわないよう日々気をつけています」

テレアポはお客さまにしていただく

清水は、今では二十年以上のキャリアを有する大ベテランだが、「高い目標に向かって、毎日お客さまに電話し、新しい人との出会いを心から楽しんでいる」という典型的な営業パーソンではない。

「電話でアポイントを取るのが営業の基本だと思いますが、私の場合、電話は大の苦手なんです。会ったことのない人に電話するなんてありえない！とまで思っていました（笑）。それでも、人に会うためには、何かしらの方法で連絡を取らなくてはなりません。そこで、できるだけ電話をしなくてすむ方法を考えました。それは、紹介元のお客さまから新しいお客さまへ直接電話をしていただき、アポイントを取っていただく、というものです。さらに、お会いする際はできる限り、紹介元のお客さまにも同席していただくようにしています」

この方法で成果を出すには、「紹介元のお客さまご自身が私の提供したサービスに満足していることが大前提となる」と清水は言う。

「満足していなければ電話もかけてくださらないでしょうし、その場に同席してもいただけませんよね。でも、満足してくだされば、自分と同じような問題や悩みを抱えている方を紹介してくれるはずです。紹介される側のお客さまも、見ず知らずの営業パーソンから突然電話がかかってくるより、知り合いからの電話の方が安心するでしょう。

苦手な電話をしない代わりに、自分が提供するサービスの質はとことん追求しています。実際にお会いしたときに、紹介いただいた方の面子を保つためにも、質の追求に妥協は許されません」

自分を「典型的な営業パーソン」ではないと言い切る清水は、成功するために、自分だけの営業スタイルを確立することの重要性を説く。

「私の場合、『楽しくない、やりたくないことは絶対にやらない。そのためにどうするかを考える』というポリシーを貫いてきました。**営業パーソンとして成功するためのビジネスモデルは一つじゃないでしょう。成功パターンはたくさんあるし、向き不向きもあります。**誰かがそれで成功したからといって、苦手なことを無理にやる必要はないはずです。

人にはそれぞれの個性がありますから、その個性に合わせた営業をしないと長続きしませんよね。自分という人間を、決められた営業スタイルの型に当てはめるのではなく、自分だけの営業スタイルを確立できるかどうかだと思います」

指南

- ✓ 成功するためのモデルは一つではない。自分に合ったスタイルを選択する
- ✓ お客さまが求めているのは商品ではなく、「不安・不満」の解決策
- ✓ お客さまの問題解決に、長期間かけてじっくり取り組む「農耕型営業」

no. 30

世界水準の目標設定が可能性を大きく広げる

尾山幸祐
富山支社
前職：ハウスメーカー

尾山幸祐は富山県出身。名古屋で過ごした大学時代を除き、ずっと富山で暮らしてきた。大学卒業後はハウスメーカーに就職し、トップクラスの売上を誇っていたが、やがて転機が訪れる。

「父が脳梗塞で倒れたのです。長男である私は、父の面倒を見るため、富山から転勤のない仕事に就くことを決意しました。そこで選んだのがプルデンシャル生命でした」

しかし、生命保険の営業は想像していたほど甘いものではなかった。

「生命保険営業の難しさとともに、当時は富山で全く無名だった会社で営業をすることの難しさの両方を実感しました」

そんな中でもがむしゃらに頑張って成果を挙げてきたが、あるお客さまに死亡保険金をお届けすることになり、それが営業パーソンとしての認識を改める契機となった。

「お客さまが亡くなられたのは初めての経験でした。『人はいつか死ぬ』と実感し、初めて自分が携わっている仕事の意味を深く理解したのです。

それまでお客さまに生命保険の必要性を説いてきましたが、自分にとっては〝商品〟という認識でしかなかった。それからは営業をする上での姿勢が大きく変わりました」

自分の強み（ストレングス・ポイント）を列挙する

尾山は、生命保険業界のトップ営業の証であるMDRT（一一九ページ参照）の「Top of the Table」（一七一ページ参照）の認定基準を受けている。

富山という地方マーケットを拠点としながら高い業績を挙げている尾山は、社内研修に招かれることも多い。その際、尾山は、会社や自分の強みを書き出すことで、営業パーソンとしての力を高めることを勧めている。

「営業の仕事はプラス思考を保つことが大切ですが、それが難しいときもあるでしょう。

プラス思考を保つには、楽天的であるよう努めること、そして自信を持つことです。『楽天的になる』ためのコツは人それぞれだと思いますが、『自信を持つ』ことについては、少しならアドバイスできます」

尾山が勧めるのは、次の三つである。

①会社、商品、自分の強みをできるだけ多く書き出す（「ストレングス・ポイント」の発見）。
②お客さまが抱える悩みや問題点をすべて書き出す。
③お客さまの悩みや問題点に対し、ストレングス・ポイントによる解決策をすべて書き出す。

「ストレングス・ポイントの発見は宝探しのようなものです。たくさんの武器が私たちの目の前にあるのに、それに気付いてないんです。武器がある場所を知り、使い方をマスターすれば、自信が湧いてプラス思考になり、ワクワクした気持ちで仕事ができるようになります」

尾山は、ストレングス・ポイントを百項目挙げるよう後輩たちに宿題を出すことがある。ある後輩が「三十項目しか挙げられませんでした」と報告した際、「百項目挙げようと本当に努力した？　会社の色々なパンフレットは見た？　商品概要書や、会社の決算資料や、ホームページは見てみた？　わからなければ誰かに聞いてみた？

絶対あるんだから、挙げられないのは途中であきらめたからではないか？　あきらめることはクセになる。あきらめることに慣れることは、営業パーソンにとって致命傷になるよ」と、力説したそうだ。

郷里で自分がご縁を持てるお客さまにベストを尽くしたい

また、尾山は自分の得意なマーケット（分野）を作ることを勧めている。

「私たちの仕事は、いわばお客さまの〝お悩み解決業〟です。**特定のマーケットで活動する方が、そのマーケット特有の習慣や文化、ルールや仕組み、言葉などを理解できるため、お客さまの悩みごとを解決する力が養われるのです。**

最初は『大数の法則』を信じて活動することも必要でしょう。しかしその間にも、自分がどのようなマーケット＝人生で生きていきたいかを考えていくことが大切です。

そしてマーケットを絞り込めれば、お客さまから『自分の置かれている状況や事情をよく理解してくれている』と信頼していただけるようになり、悩みごとを相談してくださったり、大切な方をご紹介していただけるようになるのではないでしょうか。お客さまの悩みごとまで相談されるようになったら、ストレングス・ポイントを武器として、解決することができますよね。

ストレングス・ポイントの活用法も、使う順番や使い方、得意技などに独自のものがあれば、それが差別化となり、競争力の強化につながります」

高いレベルの目標意識が自分のみならず仲間の可能性も広げる

尾山は高水準の営業成績を挙げてきたが、富山支社では苦戦している同僚も少なくなかった。

「自分だけ売上を伸ばしても、富山のお客さまをすべてお守りすることはできない、と気付きました。そこで、**仲間とともに頑張って、地元の支社を盛り立てていこう**と思ったのです」

尾山は人生で初めて、世界レベルの目標設定をした。それは自分やお客さまのためだけでなく、「富山でもこれだけのことができると示すために、皆で一緒に頑張ろう」と仲間に背中を見せる決意でもあった。それが結果として、尾山自身の可能性を大きく広げることになった。

「市場規模を基準に考えれば、地方の方が難しいと感じられるかもしれません。しかし、一人の営業パーソンがご縁を持てるお客さまの数や使える時間は、都会であっても地方であってもほとんど変わらないと思います。

その土地ならではのやり方で仕事をすることで、お客さまの間で支持が広がり、成果に結びつくでしょう。そう考えれば、都会でも地方でも大きな差はないはずです。地元の事情に精通していて、お客さまに何かあればいつでもすぐに駆け付ける――それが地元の営業パーソンならではの魅力です」

指南

- 高いレベルの目標意識が自分のみならず仲間の可能性も広げる
- 自分の強みを列挙し、自信を身に付け、自分ができることを自覚する
- 自分の強みを生かせる得意な分野（マーケット）に絞る

<取材・執筆・編集>
荻原 健夫
金子 優介
管野 久美子
大岡 久恭
鈴木 亜紀子
中野 みさき
金子 修平

プルデンシャル流
心を磨く営業

2018年1月30日　第一刷発行

編　著　プルデンシャル生命保険株式会社
　　　　フェイスブック（日出ずる国の営業）運営事務局
発行者　長坂嘉昭
発行所　株式会社プレジデント社
　　　　〒102-8641　東京都千代田区平河町2-16-1平河町森タワー13階
　　　　http://president.jp　　http://str.president.co.jp/str/
　　　　電話：編集(03) 3237-3732
　　　　　　　販売(03) 3237-3731
装　丁　長 健司
編　集　桂木栄一　千﨑研司（コギトスム）
制　作　関 結香
販　売　高橋 徹　川井田美景　森田 巌　遠藤真知子　末吉秀樹
印刷・製本　図書印刷株式会社

ISBN978-4-8334-2255-0
Printed in Japan